衣索比亞手繪旅行

圖・文：張佩瑜　Life&Leisure優遊

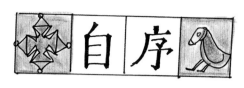

自序

　　2016年8月23日，從衣索比亞一路轉機到香港，準備回台灣，在飛機上拿了一份中文報紙，斗大的標題寫著：『奧運馬拉松，衣索比亞選手奪銀，冒死舉反政府手勢』，看到這則新聞的當下，剛從衣索比亞離開的我，有種恍如隔世的感覺……；可能因為長途旅行造成身體及精神耗損，回到台灣後，我生了快三週的病，病好了之後，淹沒在工作裡，我忘記自己曾經去過衣索比亞……，偶爾一則外電報導提及衣國的抗爭宵禁，戒嚴，會勾起我的回憶，牽掛起那裡的朋友，傳通訊息問他們是否平安，他們總是回覆我：『你聽說什麼了嗎？這裡還好，你什麼時候還要再來？』老實說，剛回來的時候，我常常講衣索比亞的壞話，因為它讓我「受苦」，不斷生病，撇開物質層面不說，精神上的衝擊才是最大的磨難，因為我對眼前的貧窮現實無能為力，我不知道自己為什麼要旅行？為什麼要來這裡？我的出現會對這裡有什麼影響？我常常有罪惡感且感到強烈不安，必須先克服心中的矛盾才有辦法繼續走下去。

　　身體上的「受苦」會使人生病，心靈上的「受苦」卻讓人成長，那些衝擊就像是一道道拋光打磨的程序，把心擦得更亮，也有可能時間與空間的阻隔是最美的距離，我不再講這個國家的壞話了，當朋友問我：「衣索比亞到底好不好玩？」，我覺得好難回答，因為不想用「好不好玩」去評價一個地方，而且每個人的標準不同，未經思考的回答和批評，是對當地人情感上的傷害，包括我自己，必須學習用更客觀的角度去看待每一片土地；現在的我，再回頭看衣索比亞，古老的文化傳統、咖啡的芳香、提著黃色水桶打水的身影、週日教堂中裹著白布相信未來有光的聖潔臉孔……，就算是騙子我也試著去看他背後為求生存的不得已，我要記住那些在旅途中幫助過我的人，而不是那些欺騙我的人。

我要謝謝衣索比亞，因為它讓我知道「好不好玩」真的沒有太大的關係，經歷了才是最重要的，不要因為「好玩」才去衣索比亞，不管「好不好玩」，都可以去，也可以再去！

行前準備

之前出版的書，我都會提到帶了哪些旅行用品，但這次幾乎都是用舊東西，所以就不重複寫了，講一點點就好。

- 帶自己手作的橄欖油皂（可從頭洗到腳）和洗衣皂去旅行
- 帶了迷你洗衣刷（長寬高 7×2×4）從朋友在法國的家拿回來的小禮物（實用的禮物）
- 帶了一瓶乾洗手，2瓶防蚊液，2條皮膚藥膏（要去賣藥？）
- 出發前好幾個月展開體能訓練（真是認真啊！）
- 出發前一個月練習洗冷水澡（到當地才發現大部份的旅館都有提供熱水，昏倒～）

Ⅲ

關 於 旅 程

- 旅行時間：2016年7,8月，共53天
- 旅行地點：衣索比亞 Ethiopia
- 費用：總共約台幣 110024元 (均依當時匯率計算)

　　　　機票 37873元

　　　　預防針及藥物 5759元 (我本身有打過黃熱病疫苗，這次
　　　　　　打了急性腦膜炎及傷寒疫苗，並拿了抗瘧藥、
　　　　　　止瀉藥、止吐藥)

　　　　旅遊書 980元 (Lonely Planet 出版)

　　　　保險 5430元

　　　　簽證 70美元 (約台幣 2267元)

　　　　在當地花費 57715元 (含火山行程 400美元，食衣住行、紀念品等)

- 貨幣及匯率：衣索比亞貨幣為 Birr 比爾

  1 Birr ≒ 1.47 台幣 (2016年11月匯率，我都乘以 ⑴.5)

- 旅遊路線：Addis Ababa 阿迪斯阿貝巴 → Bahir Dar
  巴赫達爾 → Gorgora 戈爾戈拉 → Gonder 貢德爾 →
  Aksum 阿克蘇姆 → Mekele 馬卡雷 → Danakil Depression
  達那基爾低地 (套裝行程，含爾塔阿雷火山及硫磺泉、
  鹽田等) → Lalibela 拉利貝拉 → Dessie 德西 → 阿迪斯
  阿貝巴 → Jimma 吉瑪 → Bonga 彭加 → Teppi 鐵比
  → Bedele 貝德勒 → Sodo 索多 → Arba Minch 阿巴明奇
  → Dorze 兜雷 → 阿迪斯阿貝巴

- 概況：面積 1104300 km²，人口約一億零四百萬 (2017年2月)
  語言以阿姆哈拉語為第一官方語言，英文亦普及
  (除非是非常偏僻的鄉村)

- 簽證：落地簽有 30天 (50美元)，90天 (70美元)，我有準備
  黃熱病接種證明，但海關沒檢查，有備無患。

- 電壓與插座：220V. 歐規雙圓孔插座。

- 注意事項：① 美金在一般銀行可換當地貨幣，提款機
  十分常見。② 常停電停水，須備妥行動電源，手電筒。
  ③ 跳蚤肆虐，要準備蚊蟲噴霧劑及藥膏 ④ 低價
  旅館有些屬風月場所，女性宜選擇中價位以上旅館。
  ⑤ 高地氣候變化大，一山有四季，十里不同天，須備妥
  四季衣物，注意保暖。

Ⅴ

目次

八月 August

1 P.128	2 P.135	3 P.137	4 P.142	5 P.145
疲憊的心靈	受騙	怒吼與奇遇	阿迪斯阿貝巴轉車	再度移動
6 P.147	7 P.151	8 P.154	9 P.163	10 P.168
休養生息	與官員閒聊	咖啡博物館	落空的行程	返回吉瑪
11 P.171	12 P.175	13 P.182	14 P.186	15 P.189
吉瑪王國宮殿遺址	拜訪地理老師	受困荒村野嶺	旅途的沉思	索多博物館
16 P.194	17 P.203	18 P.220	19 P.224	20 P.227
內卡沙國家公園健行	兜雷的家屋	可怕的鯉魚	返回阿迪斯阿貝巴	市集購物
21 P.230	22 P.235			
詐騙集團	衣國文化總複習			

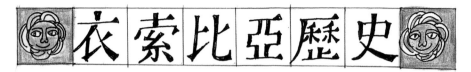

衣索比亞歷史

歷史是錯綜複雜的，在這裡僅簡單列出和書中景點或敘事有關的歷史事件，在地理空間的經緯上加入歷史縱深，應該可以更了解衣索比亞。

西元初前後	Aksum 阿克蘇姆王國興起
西元 3~6世紀	Aksum 阿克蘇姆王國勢力擴展至紅海沿岸，統治鄰近地區
西元 1137~1270年	Zagwe 札格維王朝，期間君主拉利貝拉在拉利貝拉以岩石開鑿教堂建築群
西元 13~16世紀	強盛的 Abyssinia 阿比西尼亞王朝，領土擴及今日的蘇丹和索馬利亞，阿比西尼亞成為衣索比亞的舊稱
西元 16世紀	葡萄牙及鄂圖曼帝國相繼入侵
西元 1632年	Fasiladas 法西利德斯皇帝繼位，遷都 Gonder 貢德爾，文化繁盛
西元 1889年	Menelik 孟尼利克二世稱帝，並遷都阿迪斯阿貝巴奠定現代衣索比亞疆域基礎
西元 1890年	義大利入侵，排擠英國勢力，並宣稱衣索比亞為其保護國
西元 1896年	Menelik 孟尼利克二世在 Adwa 阿杜瓦大敗義大利軍隊，迫使義軍賠償乞和，並承認衣索比亞為一獨立國家
西元 1930年	Haile Selassie 海爾塞拉西皇帝登基
西元 1936年	義大利再度入侵，海爾塞拉西皇帝被迫流亡英國

西元1941年	盟軍大敗義大利軍隊,海爾塞拉西皇帝歸國復位,衣索比亞從此脫離西方殖民主義
西元1962年	厄立垂亞被併入衣索比亞,當地抗爭武裝活動四起
西元1974年	一群軍官發動軍事政變,罷黜海爾塞拉西皇帝,結束帝制,宣布成立衣索比亞為社會主義國家;國家因乾旱而出現飢荒問題
西元1977年	Mengistu門格斯圖上校發動政變,自任為國家元首.
西元1977~1978年	紅色恐怖時期,超過十萬人被捕消失或死亡(2010年.在阿迪斯阿貝巴成立了一座紅色恐怖紀念館,以紀念此事件)
西元1985年	持續的乾旱與內戰.使超過一百萬人死於飢荒,引發國際關注,在「美國援非」慈善活動中,譜寫了有名的慈善歌曲《We are the world.四海一家》
西元1987年	成立「衣索比亞人民民主共和國」,門格斯圖為總統,隨即爆發內戰.
西元1991年	衣索比亞人民革命民主陣線軍隊進入阿迪斯阿貝巴,成立臨時政府,門格斯圖政權宣告瓦解.
西元1993年	厄立垂亞在聯合國監督下舉行公民投票,脫離衣索比亞獨立,衣索比亞從此失去出海港口,成為內陸國.
西元1995年	衣索比亞人民革命民主陣線在地方選舉取得壓倒性勝利.衣索比亞聯邦民主共和國成立

7月1日（五）出發

呃～
我們要去吃土了吧？

期末忙得焦頭爛額，好想躲到一個沒有人找得到我的地方睡上三天三夜，是的，就是非洲！到了非洲，就可以不接電話、不管郵件、不回覆 Line 訊息……，這樣一想，就算接下來兩個月得在非洲吃土，我也甘願。

機票是亂訂的，銜接得非常不順，我得在香港等 9 小時，在卡達的杜哈機場再等 17 小時（昏倒），非洲果然比較遠啊！我終於有時間讀旅遊書了。

你以為到了非洲就可以什麼都不管了嗎？

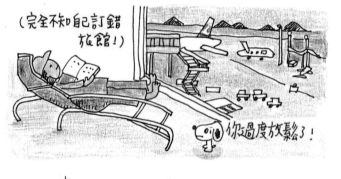

（完全不知配訂錯旅館！）

你過度放鬆了！

在香港機場登機門 24～26 之間的躺椅真是撫慰人心，機場廣播有著一股安定人心的語調，像是在保證一切事物都在秩序上，我在安心的狀態下沉睡了 5 小時。睡醒後，閒著沒事，拿行程表出來看，晴天霹靂！明明 7 月 3 日凌晨抵達衣索比亞，我卻訂了 7 月 2 日的旅館，趕緊用機場免費 wifi 打網路電話去更改，看來我得天線全開，隨時提高警覺才行。

7月2日(六) 7月3日(日) 轉機與抵達

在飛機上吃飽，看了兩部電影，抵達卡達的杜哈機場，在B區的B4與B6登機門之間找到 "Women's quiet room"，果然是伊斯蘭國家，為女性設置了專屬休息室。傳了簡訊給笨蛋學生，抱怨轉機時間好長，學生居然回覆說不知道杜哈在哪裡？可惡！我不是有教過嗎？應該當掉她！不過她隨後幫忙查到如果搭卡達航空可以免費進市區觀光的資訊，但我懶懶地，渾身沒勁。睡了一覺，又K了旅遊書，　決定去提款買漢堡吃，呃～出國前，我的兩張提款卡都不約而同出狀況，　只好帶大筆現金出國(真危險!)，身上只剩一張郵局Visa卡，沒想到郵局Visa卡很威，我在杜哈機場用它領出了QAR(卡達貨幣里爾)，去漢堡王點了小華堡餐，居然要價24 QAR(1 QAR≒9 TWD，故24 QAR約等於216台幣)，卡達果然是有錢的產油國，機場大得嚇人，物價水準也不便宜。原本以為應該沒人要去衣索比亞的，凌晨的登機門前卻擠滿了人，清一色是年輕女孩，原來有許多衣索比亞人到黎巴嫩首都貝魯特當傭工，三年工作期滿或休假而返回衣索比亞，我和她們攀談起來……，也許是機位超賣吧！我被升等到商務艙，吃飽喝足，迎接衣索比亞的挑戰。

3

半夜,抵達衣索比亞首都阿迪斯阿貝巴,
天空微雨,高原略有涼意,我迅速衝
到辦理落地簽的窗口,海關人員慢
吞吞地手工處理文件(沒用電腦),窗口
的護照愈堆愈高,人龍愈排愈長,
還因插隊而爭吵, 付了70美金,拿到
三個月的簽證,卻只是一張紙上寫著
潦草的文字,通關時才發現簽證期限
有誤,只好又重回混亂的簽證櫃台
修改;通關之後,提領行李又是另一個
大考驗,因為行李輸送帶壞掉,工作
人員拖出行李,擺滿一地,情景宛若災難現場,
我來回跨越無數行李,才找到自己的。
原本打算在機場待到天亮再出去,然而,之前
在杜哈機場認識的衣索比亞年輕女孩
找警察幫我叫計程車,這裡有黃藍白三色
計程車,黃色的有執照,較可信,
車子在夜色中疾駛,來回兜了很
多次才找到旅館,沒有門鈴,
司機按喇叭吵醒守夜人,
守夜人打開一間房間,簡單說

4 了"sleep"就走了,連 check in 也不用!

Arriving Visa

啊! 啊! 啊! 啊! 啊! 啊!

7月4日 (一) 英吉拉初體驗

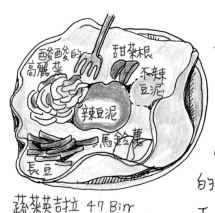

蔬菜英吉拉 47 Birr

圖中標示：
酸酸的高麗菜　甜菜根　不辣豆泥　辣豆泥　馬鈴薯　長豆

一覺醒來，恍如隔世，找旅館老闆 check in，他壓根不曉得我摸黑進來睡了一晚，看到他這麼訝異，我也很訝異。略感飢餓的我，在旅館附設的餐廳點了本地的傳統食物 Injera 英吉拉來吃，這久仰大名，被旅人戲稱為『酸抹布』的食物，本日初體驗。

英吉拉 Injera 小檔案

成份與作法：英吉拉是衣索比亞人三餐都
　　少不了的傳統主食，以衣索比亞高原
　　上的原生種穀物 Teff (苔麩，狀似
　　小米)做成，Teff 富含蛋白質、礦物質，
　　磨成粉後，加水混合，充份發酵，
　　再烙成大圓餅。

吃法及口感：貌似可麗餅，但味道偏酸，
　　通常略摺疊平放在大鐵盤上，上面
　　再放置各式燉菜，用手撕開薄餅
　　蘸醬汁或包裹燉菜吃，它表面的
　　小氣孔可充份吸附醬汁，經充份
　　發酵，放十分助消化，吃完它，我立刻去廁所報到。

我以為來非洲是要吃土，結果是吃酸抹布！

放大檢視，英吉拉表面有許多小氣孔！

英吉拉

Mesob，外觀看起來像是草編小圓凳，附蓋，當地人圍坐著它，一起吃英吉拉。

5

Atelefugne hotel 小資訊！ Wifi

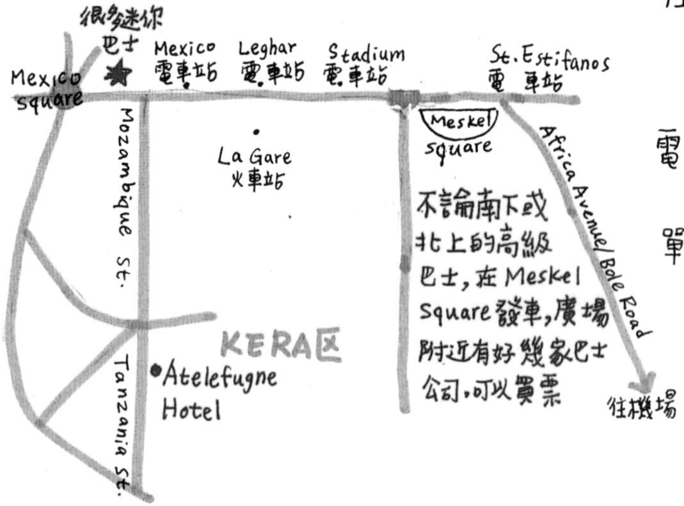

很多迷你巴士
Mexico square
Mexico 電車站
Leghar 電車站
Stadium 電車站
St.Estifanos 電車站
Meskel square
Africa Avenue/Bole Road
La Gare 火車站
Mozambique St.
Tanzania St.
KERA区
Atelefugne Hotel
往機場
不論南下或北上的高級巴士，在Meskel Square發車，廣場附近有好幾家巴士公司，可以買票

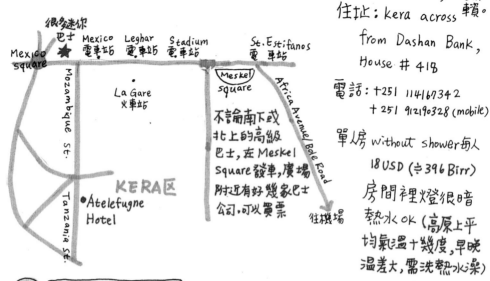

旅館位於機場西北西位置，不塞車約13min，350Birr車資。

住址：kera across from Dashan Bank, House # 418

電話：+251 114167342
+251 912190328 (mobile)

單人房 without shower 每人 18USD (≒396Birr)

房間裡燈很暗

熱水OK（高原上平均氣溫十幾度，早晚溫差大，需洗熱水澡）

沒有門牌號碼的城市～
阿迪斯阿貝巴

吃完早午餐，回房間繼續加工縫製暗袋，將現金分開藏妥，小憩片刻後，外出探險。

衣索比亞的首都Addis Ababa阿迪斯阿貝巴，意為『新鮮的花朵』，但是我根本沒看到什麼新鮮的花朵，這裡像是一個百廢待舉的大工地，滿是噪音灰塵，以及無所不在的洶湧人潮，喔～原來我真的到了非洲。

這裡的街道很多都沒有名字，大家描述位置時，都習慣用某個眾所皆知的建築標的物做為參考點，像我住的旅館就是以旅館對面的Dashan Bank（銀行）做為參考點，守門人Seid告訴我，搭計程車或迷你巴士時，只要把寫上 Kera, Dashan Bank 的紙條遞給司機，就可以了。

水煮玉米
5 Birr

→ 包頭巾,這裡灰塵多,我怕頭髮弄髒.

→ 高原的夏天,氣溫像台灣的秋天,我內穿短T恤,再添一件薄長袖,外搭新買的番茄紅防風防水透氣外套,洋蔥式穿法。

→ 超破舊勃肯鞋

這是一個旅遊資訊略顯貧乏的城市,□只能憑藉著手機的APP定位,但我不敢在大街上明目張膽拿出智慧型手機,只敢躲在隱蔽角落偷偷查,新買的風衣外套,顏色鮮豔得太過招搖,希望它快點被弄髒,陌生的街道、陌生的膚色人種、陌生的文字……,恐懼與疲倦感從四面八方襲擊我,我決定就此打住,早早回旅館休息,中午吃的英吉拉份量驚人,不覺得餓,我買了一根大水煮玉米回來當晚餐。

你看過火星文嗎?

現在看到了!

Amharic 阿姆哈拉語小檔案

Addis Ababa
↓
ﾞﾞ

阿迪斯阿貝的阿姆哈拉語寫法,平時大家口語上會簡稱這個城市為Addis,比較好念。

阿姆哈拉語屬於閃族語系,由左而右書寫與閱讀,雖然是表音文字,但它共有7個母音和33個子音,$7 \times 33 = 231$,所以總共有231種代表音節的符號,那些字母看起來都很像,根本不可能記得住!它讓人一看就想放棄,(日文也才五十音而已啊!)

7月5日 (二) Piazza 皮埃塞區

早餐

WALIA 啤酒, 14 Birr

Shero Tegabino 豆泥
(裝在陶金鍋中,微辣)

英吉拉

英吉拉＋豆泥, 38 Birr

午餐

麵包

肉醬

麥麵條

不像義大利麵的義大利麵, 55Birr

因為旅館附設餐廳有英文菜單,所以我早餐及中餐都在此解決,早餐是用英吉拉蘸著豆泥吃,依我的食量大概一次只能吞下半條酸抹布,為了不浪費食物, 點了啤酒來幫助自己吞下另外半條抹布;午餐則是吃了很奇怪的義大利麵。今天的行程是探訪老舊的 Piazza 皮埃塞區,聽說那裡扒手搶客橫行,十分混亂,我決定輕裝前往。

Peiyu 的歷史教室.
衣索比亞和義大利的淵源

1890年義大利入侵衣索比亞,排擠英國勢力,義國宣稱衣國為其保護地。但1896年衣國君主 Menelik 孟尼里克在 Adwa 阿杜瓦大敗義軍,義國只好承認衣國為獨立國家,衣國人民以此為歷史上的驕傲,爾後,於1936年義國又再度入侵,衣索比亞仍誓死抵抗……;凡走過必留下足跡,義大利軍隊走了,卻也留下了義大利麵和義大利濃縮咖啡,成為衣國平民飲食。

8

Piazza 區 走.逛.飲.食.

All City Cafe

咖啡
小販
路邊攤

炒豆工具是一支
彎曲的鐵片

平底,
看起來很
像盤子的
鐵鍋

jebena

黑色陶壺
直接把磨了碎
的咖啡粉加
水一起煮

炒好的豆子放在篩網
中冷卻

杯子叫
cini

煮好的咖啡
裝在很像喝中國茶
用的小瓷杯中,交給
客人品嚐(我看當
地人都加很多糖!)

整個城市
都是
我的咖啡
館!

路邊攤
咖啡。一杯
僅 4 Birr,現烘、
現磨,現煮.現喝!

『衣索比亞』國名
的由來,意指『
一群被太陽晒
黑的人』,本日沒
戴帽子出門的我,
已經充份領受這國名
的深刻意涵。

芒果汁
30 Birr

不知為何還附上
四個切半的金桔。

3 Birr

用作業簿的紙
包起來的甜甜圈

9

問路的時候遇到一對姊弟，不但帶我坐車，還幫忙付了車資，並好人做到底，陪我走到教堂門口，姊姊說著一口流利的英文，她告訴我她的英文是自學的，很令人佩服，走在混亂的 Piazza 區，她不斷叮嚀我要小心包包，小心那些跟在身邊的遊童，他們通常是好幾個人一組，假裝賣東西或要東西，然後趁機竊取財物，我整個人神經緊繃，感覺這龍蛇雜處之地，得加倍小心。

'When You Drink a Cup of Coffee.
Ideas Come In Marching Like an Army'
Balzac (法國19世紀著名作家)(巴爾扎克)

→ Tomoca
咖啡館
掛著這句名言

姊弟們帶路找到的教堂不是我想找的那一座,和他們分開之後,我獨自繼續探險,抬頭卻意外撞見 TOMOCA 咖啡館低調的招牌,有個賣地圖的小販衝著我一笑:『你要找 TOMOCA 是吧?』他向我兜售地圖並要當我的導遊,我溜進咖啡館,這是這城市中的古老咖啡館,非常受歡迎,有著老式的情調,一杯咖啡 12 Birr,比一般咖啡館貴,但小小的空間站滿了受它吸引的人,這間店的咖啡好喝嗎?非常好喝,我甚至懷疑它暫時偷走了我的靈魂。

11

TOMOCA 咖啡館旁邊不遠，有間小巧可愛的書店 Bookworld，書在本地並不是生活必需品，(街上小販最常賣的書是聖經和可蘭經)，我進書店觀察本地的出版風格，並買了介紹哈拉爾、貢德爾、德雷達瓦三個景點的旅遊書，用淡淡水彩塗敷的表現風格令人愛不釋手。後來我到聖喬治大教堂綠林掩映的庭院小坐，並畫了一張素描，衣索比亞是伊斯蘭及東正教信仰人數各半的國家，在這個城居，清真寺與教堂市各處比鄰而安然並存。

150 Birr (哈拉爾)

150 Birr (貢德爾)

150 Birr (德雷達瓦)

▲ 正面 ▼ 背面 （輕軌電車票）

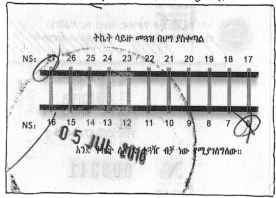

今天唯一一件重要的事，就是前往 Meskel square 周邊的巴士公司買後天要前往 Bahir Dar 巴赫達爾的車票，這個大城市讓人覺得疲倦，所以一天僅能安排做一件事，我也不了解疲倦所為何來？是恐懼嗎？因較少接觸黑色人種，讓我判別善惡的直覺失去依據，想來我也是長期被歐美電影給洗腦了，

電影中常常讓黑人扮演壞人，而我現在正處於黑色非洲，不自覺地生出一種不安的情緒，而自己也為了這種偏見而覺得慚愧；我的疲倦也可能源自於這兒爆炸性的人口成長，不論去哪兒都要擠、要搶，我和住在這裡的人一樣，為了在這個城市生存而要不斷地 fighting，好累。

2015年9月20日，由中國出資承建的輕軌電車正式在阿迪斯阿貝巴開通營運，目前僅有藍綠兩線，在車頭駕駛列車的是穿著豔藍色制服的中國人，除了

迷你巴士外，輕軌電車是我往返市中心 Piazza (皮埃塞)
區仰賴的代步工具，因為 Piazza 區就是藍線終點站
Menilik II Square 站，出入口緊鄰 St. George Cathedral
聖喬治大教堂，完全不必擔心坐過頭或迷路，然而，
儘管輕軌電車只有兩、三節車廂，一位難求，它卻也深
受大眾歡迎，擠到連站立
的位置也沒有，群眾推擠
喧譁有如逃難一般，
每一次從車廂全身而退，
　　總會有劫後餘生的

慶幸。輕軌電車主要採高架
方式修建，只有在進入 Piazza 區
最後一段才進入地底，因為大
部份的時間居高臨下，所以
能把這個城市看得更清楚，
那些藏身於大樓之後用鐵
皮搭蓋的貧民窟就這麼赤

輕軌電車以車廂顏色來區分
路線，我要搭的是藍線，
然而綠線列車靠站時，
我居然也想跟上車 (群眾的
盲從作用)。還好警察早就
偷瞄過我手上的紙條，硬
把我從上車的群眾中拉出
來，不斷地向我強調 ''
blue color ''，呵，真感謝他，
警察真是外國人的保姆。

裸裸呈現在　眼下，根據統計，這個國家在 2010 年
時仍有 ½ 人口生活在貧窮線以下，2014 年人均 GNI (
(人均國民所得)
Gross National Income) 僅 550 美元，剎那間，我明白
自己為何疲倦了，是因為這些視覺的、心靈的
14 衝擊，一時之間，令人無力招架。

7月6日(三) 國家博物館

早餐

發面條

麵包

番茄醬汁

番茄口味義大利麵, 40 Birr

番茄醬汁居然超辣,
原來衣索比亞人才是
吃辣的狠角色,
韓國人算什麼!

義大利麵配麵包,
是哪招?

小筆記本,
8 Birr

made in
China

原子筆, 4 Birr
made in India

旅館餐廳的義式
咖啡機,
咖啡
一杯
8 Birr

明天就要離開首都了, 我決定
今天要積極一點, 去參觀博
物館, 知性一下。
先去附近的文具店買筆記本和
原子筆, 放在口袋裡才方便記東西, 衣索比亞本地缺乏
工業發展, 工業產品多仰賴進口, 這裡放眼望去無一不是
made in China 的東西, 中國號稱世界工廠, 產能快速
擴張之際, 也急於在世界尋求新的市場, 而非洲人口成長
快速, 造就新的一批中產階級, 龐大的消費潛力是中國
瞄準的對象。

Ramadan

根據伊斯蘭曆法, 今年的齋戒月從上個月的26日到
7月6日(今天)結束, 本日是穆斯林的開齋節, 很多商店
不營業, 從清晨開始, 喚拜聲吟唱聲不曾停止過。 15

Peiyu 的地理教室
衣索比亞的國定假日有三種：

放假真好

1° 紀念國家的重大事件：例如 3月2日為 Adwa 阿杜瓦戰役勝利紀念日

2° 宗教節日：因全國民中信仰東正教、伊斯蘭教約莫各半，故兩種宗教的重要節日都是國定假日，例如東正教的聖誕節、伊斯蘭教的開齋節。

針織小帽緊貼頭皮

黑頭巾

立體小白帽

以圓箍固定頭巾

白色長圍巾

街上人潮洶湧，大家歡欣鼓舞、精心打扮，捧著點心盒和路人分享，興奮的群眾把地下道擠得水洩不通，車子無法通行，駕駛猛按喇叭反而助長群眾的聲勢，橋上擠滿圍觀的群眾，我也跟著混入其中猛拍照，從昨晚就已部署的警力勸導或驅趕群眾，一位懂英文的警察把我拉到一旁，說：『拍完了就快點離開吧，這裡不安全……』，他說齋戒月這段期間世界各地災難不斷，從巴黎、比利時、孟加拉以及前天巴格達近200人傷亡，誰能保證下一個恐怖攻擊不會是這裡？我決定收好相機離開，按照原定計畫前往博物館。

我了間咖啡館喝牛奶咖啡

9 Birr

瑪奇朵 Macchiato
(espresso with a dash of milk)

16

在這個城市第一次拿到公車票，一定要貼起來做紀念。

（坐到的公車是有平台可供輪椅族上下車的那種喔！）

▽在國家博物館遇到了五、六個台灣遊客。

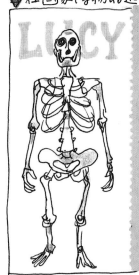

到國家博物館的目的，是去看人類的老祖先：Lucy，幾乎大部份的觀光客都會和這副人類骨骸一起合照！1974年美國古人類学家在衣索比亞 Awash 阿瓦什河谷發現一具人類化石，當時他們一邊挖掘一邊聽披頭四的一首歌 " Lucy in the sky with diamonds"，所以將她命名 Lucy，露西屬於南方古猿阿法種，生活在距今320萬年前，身高105cm，被認為是第一個直立行走的人類。17

በአዲስ አበባ ከተማ
አስተዳደር ከንቲባ ጽ/ቤት

動物園門票，上面有獅子的圖案，不過票被查票員撕掉一半……，票價 20 Birr，要拍照的話，得幫自己的相機再買一張票，也是 20 Birr。

Lion

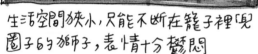

生活空間狹小，只能不斷在籠子裡「兜圈子」的獅子，表情十分鬱悶

Geleda baboon

尾巴長達 40 cm，像獅子尾巴，獅尾狒狒無精打采地坐在籠子一角。

moutain Nyala
籠子都生銹了

生活在高山地區的羚羊，棕褐色的毛上有白色條紋

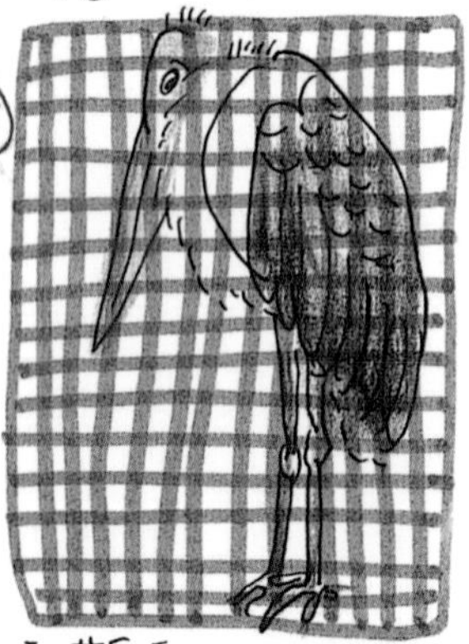

禿鸛鳥把頭藏在羽毛下，似乎在苦思著問自己：『為什麼我會在這裡？』

動物園在國家博物館附近幾分鐘路程處（近 Sidist kilo），身為動物園控的我到不同國家都會找機會去動物園看當地人如何對待動物，這個動物園看起來好悲傷，籠子都銹了，遊客還不斷拍打丟東西鼓譟 ☹

7月7日 (四) 生存法則

要在衣索比亞生存下去，得先搞清楚幾件事。

是生存！
不是
生活！

生存法則來了！

注意1：什麼是 faranji？

我是黃種人！

我也算是faranji
吧？

我只是貧窮的台灣人.

第一次接觸到 "faranji" 這個詞，是在保羅·索魯的『暗星薩伐旅』這本書中，這個詞是從 "French"（法國人）發展出來的，原意是泛指『白種人』，然而，連我這樣的黃種人也被認定為 faranji，只要是黑色人種以外的外國人，就被稱做 faranji，當地人認定 faranji 有花不完的鈔票，買東西、喝咖啡、吃飯，我們都可能被收取所謂 faranji price 的較高費用（不公平,不舒服,不開心，但你很多時候一點辦法也沒有！）

精神錯亂了！
到底是幾點？

注意2：什麼是 衣索比亞時間？

衣索比亞使用12小時制，以太陽出現的上午6點為0時，下午6點為白天12小時的結束，同時也是夜間12小時的開始。有關時間的事情，一定要問清楚是 Ethiopian time? 還是 European time (International time)？舉例如下：

清晨5點 = 衣索比亞11點　　上午7點 = 衣索比亞1點
下午3點 = 衣索比亞9點　　晚上9點 = 衣索比亞3點

注意3：什麼是 衣索比亞曆法？

今天是西元
2016年7月7日
又錯亂了！
↓
其實是衣索比亞的
2008年10月30日

我們所使用的西元曆是國際通用的公曆，稱為 Gregorian 格里曆，而衣索比亞曆法很特別，制定一年有13個月，前12個月每月為30天，剩下的天數即第13個月，平年為5天，閏年為6天，且因為對耶穌出生時間認定有所歧異，衣索比亞的日曆比公曆晚了7~8年。

19

注意 4：什麼是高級巴士？

衣索比亞有一些高級巴士公司,長途往返於大城市之間,較舒適且受 faranji 歡迎,其中較有名的兩家是 Selam bus (Selam 的意思是 peace)和 sky bus。Selam Bus的辦公室在 Meskel Square旁, Sky Bus 辦公室在Piazza區的 Taitu Hotel,但兩者都是由 Meskel Square 發車。

Lake Tana 土塔那湖月
Bahir Dar 巴赫達爾, 1880 m
Gebreguracha, 距Addis 156 km
Addis Ababa, 阿迪斯阿貝巴, 2300m

Addis → Bahir Dar 高級巴士Selam Bus
559km 需9 hrs, 350 Birr
但中途巴士壞掉,在Gebreguracha過夜

清晨,花 200 Birr 從旅館叫計程車到 Meskel 廣場,寧靜的夜色中,廣場熱鬧非常,高級巴士公司井然有序地立了一根根立牌,巴士各自就定位,旅客完全不必擔心會上錯車,我就此展開探險之旅。現在正值衣索比亞雨季,是旅遊淡季,巴士在雨中駛離阿迪斯阿貝巴,進入綠油油的鄉間,圓形的土屋以茅草覆頂,像戴著一頂可愛的假髮,也像一朵朵褐色小蘑菇,點綴在綠色的大地之毯上,農夫趕牛,拉著木犁整地,牧童趕著羊兒去吃草,一切如此心曠神怡。

Peiyu 的地理教室：衣索比亞的氣候

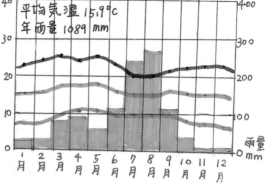

阿迪斯阿貝巴
氣溫雨圖.
海拔 2300 m

經緯線: 38.7°E, 9°N

- ━━ Max Temp 最高溫
- ━━ Average Temp 平均氣溫
- ━━ Min Temp 最低溫
- ▨ Precip. 降水

平均氣溫 15.9°C
年雨量 1089 mm

氣溫 °C

雨量 mm

1月 2月 3月 4月 5月 6月 7月 8月 9月 10月 11月 12月

衣索比亞氣候分 2 季：

Dry Season 乾季，10~5月，為旅遊旺季
Rain Season 雨季，6~9月，為旅遊淡季

熱帶高原冬夏氣溫差異不大，年溫差小，反而夏季因值雨季，拉低了氣溫，令人有身處冬天的錯覺；每天早晚偏涼，日夜溫差大。

kolo

aqua

車上工作人員發給每人一包肉桂八角口味的餅乾和礦泉水，當地人請我吃一種叫 kolo 的零食，看起來像油炸的穀物.很香

就在我沉迷於窗外景致之際，車子毫無預警地停下來了，據車上乘客說，（上午快10點時）車子壞了，我們必須等待救援，可能是對這種狀況習以為常吧！衣索比亞人好淡定，沒人抱怨吵鬧，大家一起看車上小電視放映的莫名其妙好笑電影，好像在自家客廳，暖氣也停了，淒風苦雨，氣溫陡降，還好我穿了兩件外套，並裹了頭巾及圍巾（我真是懂得準備衣服的.聰明的 Peiyu !）

不過，當地衣衫襤褸的牧羊童卻苦苦守候在巴士外，他們等著撿拾乘客不要的礦泉水瓶，有些乘客不忍見到他們在寒風中等候，趕快喝光瓶中的水，把空瓶

21

扔出車窗，讓牧羊童去撿，我問其他乘客為何牧羊童要收集這些空瓶？乘客下車趨前詢問，卻也得不到解答，因為乘客講阿姆哈拉語(Amharic)，而牧羊童講奧羅莫語(Oromo)，無法溝通。在等待救援的漫長時間裡，乘客教了我一些實用的阿姆哈拉語短句。

→ 中国宇通
這輛巴士
made in China

→ 裹著破爛毛毯

→ 赤腳

籃子裡裝滿了空 礦泉水瓶

衣索比亞語言小檔案

衣索比亞有83種語言和200多種方言（另一種說法是86種），主要的民族語言為：Amharic阿姆哈拉語、Oromo奧羅莫語、Tigrinya提格雷語；阿姆哈拉語為第一官方語言，而英語為當地通用的第一外國語。

阿姆哈拉語實用短句如下：

Thank you	á-muh-suh.gi-na.luh.hu
Hello	suh.lam (沙朗，跟伊朗波斯語一樣)
what	men: (看到不懂的事物，就用這句)
what is this	menden new (這句也好用極了!)
name	Sem
what is your name?	問男生：Semeh man new？ / 問女生：Semesh man new？

→ 藍色的刺青

大部份的時間裡，我都在發呆，不然就是讀電子書，有個臉上有刺青的老奶奶跑來對我又親又抱並要求合照，有些乘客搭迷你巴士前往距此10分鐘的小村覓食，並帶回英吉拉給大家吃，我好餓，就算是英吉拉也沒關係了。

進食只能用右手！

驚！

我們圍蹲在地上，一起分享鋪在黑色塑膠袋上的英吉拉，雖然有點像難民，但英吉拉是溫熱的，心也是溫熱的，大家不斷地催促我多吃一點，衣索比亞有個特殊的風俗：主人會用手抓取食物送進客人的嘴巴，這是好客的表示！於是，現場的每個人輪流『餵食』我，天啊！好崩潰。

下午三點多，修車師傅出現了，然而，聽著那有氣無力的引擎聲，感覺是不可能修好的，和我同車的兩個德國背包客一臉苦笑，我們彼此挖苦說這真是貨真價實的『衣索比亞體驗』，天色漸暗，巴士工作人員聯絡了迷你巴士，接駁我們到十分鐘車程外的Gebreguracha小村落住宿，

一間名叫"非洲"的旅館
AFRICA HOTEL

這裡其實只是一個沿著大路兩側，由幾間餐廳、雜貨店、旅館所構成的小聚落，專供販夫走卒在此過夜休息，有如監獄般侷促的房間，沒有門鎖，僅有一根鐵栓由房內栓上，天花板上停了許多蚊子、沒有蚊帳，陳舊的床單上放著看起來不乾淨的毛毯，一陣霉味襲來……，這一切讓我回憶起在印度住過的恐怖旅館，我的睡袋套及防蚊液全在巴士的大背包上，感覺這即將是個艱難的夜晚。在房間中乾坐著不是辦法，德國背包客提議不如到旅館附設酒吧消磨時間。

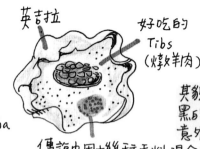

英吉拉

好吃的 Tibs（燉羊肉）

其貌不揚的烏漆抹黑的炭烤玉米，卻充滿意外好吃的樸實風味。

傳說中用十幾種香料混合而成的berbere辣椒粉，很有層次，超讚，一定要買回台灣。

有著小黑人圖案當LOGO的habesha啤酒，十分順口

大家一起為德國隊加油

衣索比亞人Michael　我　德國人雷諾　德國人馬克斯

四個人一起在旅館酒吧看歐洲盃足球賽，德國對法國。雷諾說他可以不吃飯，有啤酒就夠了。

我們在酒吧和同車乘客衣索比亞人Michael閒聊，他為我們點了美味的燉羊肉（當然還是配英吉拉！），暢飲著小黑人啤酒，聽Michael講衣索比亞歷史，衣索比亞是非洲極少數沒被西方殖民的國家之一（另一個沒被殖民的國家是賴比瑞亞，由美國扶植黑人返回非洲建國），Michael特別提到1896年Menelik孟尼里克如何率軍以矛和盾在Adwa阿杜瓦戰役大敗義大利軍隊的現代槍炮武器，令人嘖嘖稱奇！（好險我事先讀了衣索比亞歷史，不然就鴨子聽雷了！）夜色漸深，我們從陽台撤退到酒吧內，老闆為我們清出了螢幕前的位子，看歐洲盃足球賽，球賽一開始踢得很無趣，我不敵瞌睡蟲襲擊，決定回房睡覺，我不敢蓋毯子，沒脫外套，用小背包當枕頭靠著睡，半夜尿急（早知道別喝兩瓶啤酒），上廁所真是莫大挑戰，黑暗的廁所不但沒有門，而且還隨時有人經過，好久沒有碰到這麼恐怖、沒隱私的廁所了。

7月8日(五) 抵達巴赫達爾

一夜淺眠且慘遭蚊蟲攻擊的我，不到五點就醒了，天一亮就逃出房間，就著天光讀書。巴士工作人員跑來告訴我，大約七點，巴士會來接我們！我開玩笑問他：『是衣索比亞時間，還是歐洲時間呢？』，我找到德國背包客，告訴他們巴士快來接我們了，德國人聽了大笑：『不，我不相信，我才不要再相信衣索比亞人呢！』，雖然飽受折磨，但，不諱言地，車子壞掉這個突發狀況讓我們看到衣索比亞真實的一面，否則我們就只是從事典型的 faranji 式旅遊罷了。

番茄口味的米飯，超美味

生菜沙拉

麥麵包（吃不完的，被我收進夾鏈袋）

炸薯片

衣索比亞的東正教小檔案

衣索比亞的東正教，是由埃及傳過來的 Coptic 科普特教派，並融入衣索比亞文化，比教派戒律嚴格，每週三及五為 fasting day 禁食日，且一年當中還有好幾次或長或短的禁食日規範；每逢週三、週五，餐廳不供應肉類，只有素食。

衣索比亞時間 1 點 (也就是歐洲時間 7 點)，昨天故障不過已經被修好的 Selam 巴士神采飛揚地抵達旅館接走我們，像是乘著太空船似地，我們離開了這個短暫靠岸的異次元小行星，在滂沱大雨中，安穩地駛向目的地。

午餐是在某巴士休息站吃的，今天是 fasting day 禁食日，只有素食，我們點了米飯來吃，十分可口。

『幾個小時會到呢？』我問德國人，『六、七個小時吧...，如果巴士不再壞掉的話......』，說完，我們都哈哈大笑。

25

Bajaj（摩托三輪車，即東南亞常見的嘟嘟車）

順利抵達 Bahir Dar 巴赫達爾之後，德國背包客提議共乘 Bajaj 去找旅館，謝謝他們為我壯膽，不然剛到陌生城市的我，是不敢一個人搭 Bajaj 的，如果不搭 Bajaj，我的雙腳應該會陷入這城市雨後的爛泥當中。

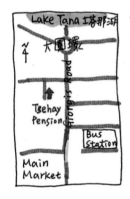

Tsehay Pension ☎ 0582-221550
單人房，附衛浴 230 Birr，有 wifi，但訊號弱，房間乾淨，有熱水；位置佳，去湖邊或大市集皆方便，近超市及銀行。

這兩日全市大停電，電力時有時無，抽水馬達無法抽水，所以房間內不一定有水，德國背包客聽了受不了，落跑去找其他有水電供應的旅館，而吃苦耐勞的我覺得沒關係。（可能是因為經過昨日的恐怖旅館試煉，我現在只要有一片屋頂遮風蔽雨就滿足了。

Peiyu，其實你是懶得再找再搬吧！

放下了大背包，稍事休息，然後上街購物。

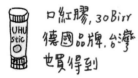

香蕉口味夾心餅　10 Birr

shai（茶）
4 Birr，本地常見肉桂丁香茶

口紅膠，30 Birr
UHU stic
德國品牌，台灣也買得到

在路邊看到有人用小刀細細地削著木頭，每一根都削得像脆笛酥，排成一列，整齊得像得了強迫症，這東西的用途是『牙刷』，有些木頭含有木糖醇，所以非洲人用『齒木』來刷牙，我在土耳其、印度、尼泊爾也看過。

從這端開始咬→

1 Birr

26

7月9日(六) 市集日

早上，趁著電力恢復，抽水馬達恢復運轉，我抓緊機會洗澡、洗衣服，看著衣服乾乾淨淨地晾在陽台上，吸飽滿滿的陽光，心情真好。

我決定今天要耍懶情，逛街行、吃東西就好。

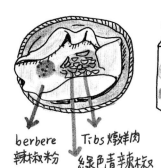

berbere
辣椒粉

Tibs 燉羊肉
綠色青辣椒

午餐又點燉羊肉配英吉拉來吃，英吉拉總是放在大金屬盤子上送上來，不過得趁熱吃才美味，冷了會有腥味，聰明的 Peiyu 我從台灣帶了『乾洗手』，有了它，即使沒水洗手，也可以安心進食了。

All City Cafe

滿街都是咖啡館，我又去喝了咖啡，並傳了照片給朋友，LCU 傳訊息來說：『小七那句廣告詞整個城市都是我的咖啡館可以拿掉了，因為已經輸人家好幾條街了！』不過，這小咖啡攤後來

用黑色陶壺煮咖啡

炭

白色小木箱

薰香爐中燃著乳香

土也上鋪著青草和葉子

要向我收取一杯 20Birr 的 faranji Price (通常一杯只要 4~5 Birr)，我有點生氣，旁邊有位大叔叫我放下 5 Birr，然後趕快離開。

黑色長頸陶壺下會放置草編的環狀隔熱墊，咖啡杯是使用中國風小瓷杯，依然是一貫的國民杯花色。

27

市集日：週六為本地最熱鬧的市集日，附近鄉村地區的農民 or 牧民會將物產運來此地販售.

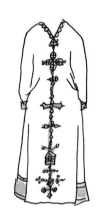

衣索比亞傳統服飾整個就是公主風啊！

公主風並不適合你

奶油　葉子

盛在葉子上的黃色奶油被放在葫蘆形容器中販售

農人把雞直接綁在手杖上，在市集和顧客議價

燒水時，放水壺專用的陶爐

烘咖啡豆專用的小黑平底鍋

攤販都用這種草編小平台擺東西賣

7月10日 (日) 修道院與尼羅河橋

今天是週日，信仰東正教的本地居民會上教堂禮拜，因此我安排了參觀古老修道院宗教儀式的行程（我好敢排！）附近的 Zege 半島上有好幾座修道院，從碼頭可參加旅行社的套裝行程前往，我不喜歡跟團，決定自己去。

Ura kidane Meret 修道院交通攻略

去程：在 Bahir Dar 的 Bus station 早上七點有 local bus 前往 Zege 糼 (Zege Peninsula)，約1小時，13 Birr，坑洞無數的泥土路，坐到最後一站，下車可看到標誌指示如何前往 Ura kidane Meret 修道院，步行約1小時，建議可請村民當嚮導，因為一路上渺無人煙，有人陪伴較不害怕，嚮導費 100 Birr，修道院門票 100 Birr（含博物館）

回程 選擇I：可走回原本搭巴士的小村落（1hr），最晚到下午4點都還有巴士可以回 Bahir Dar，

選擇II：上午 10:00～10:30，在修道院附近碼頭可搭乘公共汽船 Public Ferry（59 Birr），可直達 Bahir Dar 碼頭（我選擇搭船，因為較快且舒服）

負重過度

搭著慢吞吞的 local bus，車上擠得簡直要爆漿，路況很差，有人駕著馬車或趕著驢子，而多數沒有交通工具的人，都在路上走著走著。

下車後，健行一小時，抵達修道院，還好沒下雨，不然，我恐怕會陷入爛泥之中。

修道院樸實的入口是土磚與木結構建築。

29

與其說是感動，不如說是『震撼』吧！

修道院裡，前來禮拜的民眾全披著白布（象徵純潔、和平），初看有如鬼魅，人數雖多，卻靜默虔誠，聖潔平靜的氣息穿透所有的空間；脫鞋進入木結構的修道院主體建築，又是另一個震撼的開始，建於14世紀的修道院，保存了無數精彩絕倫的壁畫，線條樸拙有趣，用色鮮明大膽，明明是宗教故事，卻加入許多黑人非洲文化特色，我在幽微的光線中，穿過一個個彩繪的小房間，聖歌的吟唱聲在空氣裡流動，我幾乎要以為天使就要降臨了。

非洲鼓

壁畫中的小天使，居然是小黑人圖案

午餐：

莫吉拉

Kitfo是像韃靼牛肉那樣的生牛肉料理，將生的牛絞肉混入奶油、辣椒粉、百里香...等調味，略加溫之後送上桌，因為肉是溫的，所以感覺像在吃剛屠宰的牛，吃到後來，很害怕。

在我們的文化中，必須將盤子裡的食物
吃乾淨，才是好孩子，我通常一次只吃得下
半張英吉拉，但為了惜物，總是對自己
精神喊話，努力吞下另外半張；今天當地人
告訴我，衣索比亞人不會勉強將盤子裡
的東西吃乾淨，因為店家會將剩食集中
起來，送給窮人。

店家會在門口放置
安裝了水龍頭的
大水桶，供顧客
用餐前洗手

今天順利在24小時ATM領到
現金，出發前還以為衣索比亞極少ATM，來了
才知道，連很鳥的小地方都有ATM，其實
並非如自己想像的那麼落後，尤其是網路
通訊方面的發展，是直接跳過基礎設施
的限制而呈跳躍式成長，這裡幾乎人人
都有手機(有的人甚至有兩支)，是該消除
偏見了，衣索比亞並不是一直在鬧飢荒，非洲
人也並不是都沒有鞋子穿啊！

ATM旁有警衛等
24小時看守，領
現金很安全

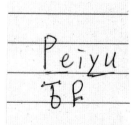

我的名字，以阿姆
哈拉語文字書寫。

搭配
酸柑

當地的果汁不加水
真材實料，原汁原味.
要用調羹吃，可以點
Mix口味，每一層顏色
就是一種水果(現榨)

塔那湖畔有很多掮客，
英文愈流利的人愈需要
提防，我的耐心幾乎用光
不得已只好
板著臉，杜
絕騷擾，
煩死了。

塔那湖畔河馬塑像

31

想去藍尼羅河橋看河馬，但不想跟旅行社掮客打交道，我累了，也受夠了街上到處都甩不掉的掮客和騙子，諜對諜的滋味真不好受，我決定自己去藍尼羅河橋。

Blue Nile Bridge 藍尼羅河橋，正值雨季，河水是濁黃色

Blue Nile Bridge 交通攻略

在 St. George church 對面攔下迷你巴士，跟司機說你要去 Blue Nile Bridge．
（這條路是往貢德爾方向）
車費 1~2 Birr，不必 10 分鐘可到

在問路的過程中認識了當地人大衛，他說可以帶我去（但我心裡一直高度警戒，懷疑他的動機……）。藍尼羅河橋及水閘門是國家重要設施，橋的兩端有軍警看守，不准拍照，站在橋上往 Tana 塔那湖的方向，可以看到一個大水閘，控制從塔那湖流入藍尼羅河的水量，當閘門打開時，藍尼羅河水量變多，關起時，水深變淺，河馬們會游到其他地方，今天閘門是關上的，所以只看到兩隻河馬。

在還沒過橋之前，從左手邊（西邊）的小路進去，可以到達河畔茶屋，那裡視野極佳，可以不受軍警約束而自由拍照，從小路可以直通湖畔，穿過有著香蕉林、芒果林的村落，家家戶戶都趁著今日陽光大好，將鷹嘴豆、辣椒等作物拿出來晒。

紙莎草船 TANKA

蔬菜

槳

Papyrus
紙莎草

走了不到半小時,抵達湖畔,
De bre Maryam 小島就在對岸,
島上有個修道院(又是修道院!)
如果想去看修道院,可以請船家載
你過去,儘管小島近在尺尺,但千萬
別游泳過去,因為湖裡有鱷魚!小島
上的農夫以紙莎草船為交通工具,將好幾
麻袋的蔬菜運到陸地上,準備送到 Bahir Dar
的市場販售,紙莎草船是埃及尼羅河上的古老交通
工具,在這裡也可以見到,塔那湖畔紙莎草簇生,隨風
搖曳,十分美麗。

湖畔的大石頭布滿氣孔,是火山作用的產物,我和大衛坐在
大石頭上聊天,大衛的英文流暢,原本是小學老師,但薪水
太低,所以他排隊等了好幾個月,上駕駛學校受三個月的
訓練考駕照,通過筆試及路考,拿到人人稱羨的駕照,他
現在的正職是司機,薪水比以前當老師高出很多倍,他為
香港老闆開車,老闆專門承包衣索比亞政府的工程,造橋
鋪路,蓋房子都是生意內容,現在正值雨季,香港老闆回國
去了,但薪水照付,所以大衛也樂得放假。

今天是四年一度的歐洲盃足球決賽,我抱怨旅館老是停電,
應該看不到了,大衛告訴我,本地有種放映小屋,白天會放
幾張桌球或撞球桌,收費供當地人娛樂,晚上則架起大
銀幕放電影,今晚一定會播足球決賽,票價只要 10 Birr。　33

放映小屋的影片公告

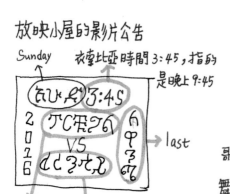

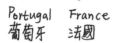

Sunday
衣索比亞時間3:45,指的
是晚上9:45

2026
vs

last

→ Portugal
葡萄牙

→ France
法國

舞台背景
設計由左
而右分別是:
貢德爾宮殿、
拉利貝拉十字
教堂、阿克蘇
姆方尖碑

歌手
舞者

樂手

白色大布幕

↓ 長凳,門票10 Birr

大衛帶我去本地人常去的小街區用餐,又
喝了傳統咖啡,相約晚上再碰面。
晚上七點我們碰面後,他帶我到位
於大電影院前面的
傳統歌舞廳去欣
賞傳統歌舞,

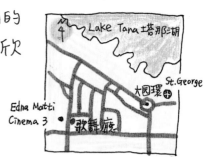

Lake Tana 塔那湖

St. George

大圓環

Edna Matti
Cinema 3
歌舞廳

原本我以為這種地方是為了 faranj
觀光客而設的,但沒想到放眼望
去只有我一個觀光客,原來當地人在假日時會攜家帶眷來
看歌舞表演,歌曲舞蹈囊括衣國眾多族群特色,表演到
熱烈處,群眾也會下場共舞到忘我,沉浸漫歡樂氣氛。
基於大衛的好心建議及我一貫的旅行守則一夜晚不在外
逗留,我並沒有去放映小屋看球賽,看完歌舞表演後,
就回旅館看電視轉播,大約看了50分鐘就停電了,
只好上床睡覺;原來大衛只是純粹想幫助外來客,我
34 一直猜忌他的目的,真是小人之心啊!

7月11日(一) 藍尼羅河瀑布

6點起床，發現電來了、水也來了，我迅速洗了個戰鬥澡，
再把昨日濺滿泥漿的長褲~~洗好~~，然後衝去公車站，今天的
行程是 Blue Nile Falls 藍尼羅河瀑布。

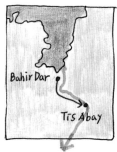

Bahir Dar

Tis Abay

Blue Nile River
藍尼羅河

Blue Nile Falls 藍尼羅河瀑布 交通攻略

　Bahir Dar 的 Bus Station 出發的 local bus，第一班車是
早上7:00，坐滿才開，15 Birr，1小時，最好提前去佔位子，因為
路況非常差，站著會很痛苦，坐到最後一站 Tis Abay，抵達
後要先買門票50Birr，會有人圍過來問你需不需要嚮導 (200~
500 Birr 皆有)，不一定要請嚮導，因為前往瀑布的路線很單純
一路上都會遇見村民趕驢，或肩挑貨物上市場，迷路也不怕找
不到人問，我因想多了解當地的水電計畫及影響，故請了嚮
導，不貴，用手機APP: MAPS ME 的地圖，水徑標示得非常清楚。

Peiyu's 地理教室

Nile River
尼羅河

m³/sec

8000
6000
4000
2000

藍尼羅河

白尼羅河

流量 1 2 3 4 5 6 7 8 9 10 11 12月

地中海

開羅
埃及

紅海

亞斯文

蘇丹

喀土穆

藍尼羅河

南蘇丹

剛果

肯亞

烏干達

氣候類型:
地中海型

熱帶沙漠

熱帶莽原

熱帶高地

尼羅河是流經非洲東部及北部的一條
河川，是世界上最長的河川，有兩條主要
支流：(1)白尼羅河：源自赤道以南的非洲，
　　　終年有雨，水位變化小。

(2)藍尼羅河：源自衣索比亞高原，熱帶
　　莽原氣候，夏雨冬乾，水位季節性變化
　　大，是造成尼羅河下游定期泛濫(6~10月)
的主因，定期泛濫帶來水源及肥沃淤泥，造就埃及古文明。　35

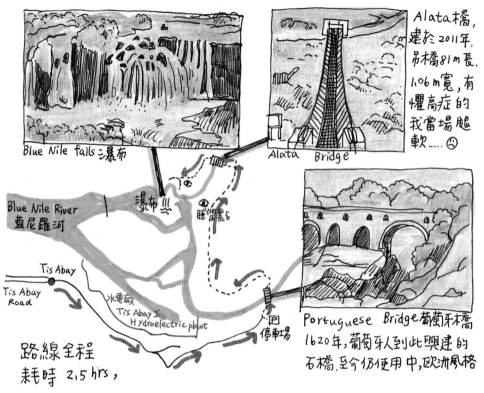

Blue Nile falls 三瀑布

Alata 橋，建於2011年，吊橋81m長，1.06m寬，有懼高症的我當場腿軟.....④

Alata　Bridge

Blue Nile River 藍尼羅河

瀑布

眺望點

Tis Abay

Tis Abay Road

水電廠 Tis Abay工 Hydroelectric plant

回停車場

Portuguese　Bridge 葡萄牙橋 1620年，葡萄牙人到此興建的石橋，至今仍使用中，歐洲風格

路線全程耗時 2.5 hrs，

走得很慢，很輕鬆，走路去，搭公共汽船回來。發現藍尼羅河源頭的蘇格蘭探險家 James Bruce 於1770年抵達此地，當時正值乾季，河水呈藍色，故命名為『藍尼羅河』，而現在是雨季，沖刷力量大，河水是混濁的黃土色；當年 James Bruce 看到的是超過 400m 寬、45m 高的、連成一片的瀑布，而和他站在相同地點的我，看到的不再是連成一片的瀑布，而是分成四、五個小瀑布，這是因為附近的水電廠截斷水流，使得瀑布氣勢雖不凡，但已不如昔日壯觀。

和當地人一起搭的公共汽船

36

藍尼羅河 水電計畫 扼殺瀑布 ⋯⋯⋯

（示意圖僅表示相對位置，不代表實際比例尺大小之距離）

N↑

有人說，Tis Abay 的藍尼羅河
瀑布其實並非尼羅河源頭，源頭
其實是在離塔那湖 165 Km
以外的地方

在藍尼羅河橋（昨天去的地方）附近，有
閘門控制從塔那湖進入藍尼羅河
的水量，這個閘門也是造成瀑布水量
減少的原因。

165 Km

小湖

Lake Tana

35km

Blue Nile Bridge
藍尼羅河橋

Blue Nile Falls 藍尼羅河瀑布
(Tis Abay)

瀑布

水電廠

在離 Tana 湖 35 Km 的 Tis Abay，河水
本應流經藍尼羅河瀑布，但現在水流被
分成兩道，一道仍循舊流路流經瀑布，
另一道則被引導進入在國與中國合作興建
的新水電廠，待水流利用高低位差推動渦輪
發電之後，再往前不遠處，這兩股水流會合今一
繼續沿著藍尼羅河河谷向前流，之後來個大轉彎，
向西奔騰⋯，直到進入蘇丹⋯⋯，之後跟白尼羅河會流。

河水被引水
電廠造成流
經瀑布的水
量大減，所以
瀑布變小了。

（一路向西，流入鄰國蘇丹）

嚮導說我很幸運，因為今天被引入水電廠的水很少，所以
瀑布水勢磅礴，還未靠近，就聽到轟隆隆的聲音，
看到以往只在課本上出現的藍尼羅河就在眼前，
真有種莫名的感動，這就是水氣氤氳的『尼羅河之霧』
，當水流落下時，水氣蒸騰，如煙似霧。　37

Peiyu的地理小教室：東非水塔

衣索比亞全境以山地、高原為主，在非洲各國中地勢最高，有『非洲屋脊』之稱，衣國境內有許多河川湖泊，許多河川發源於此，從高原順坡而下，為東非各國提供水源，故有『東非水塔』之稱。

本地男子穿搭超有型

披披掛掛時尚風

單品1：頭巾
天冷時可解開當圍巾或蒙面

單品3：白色大披肩
穿脫方便，可適應高地日夜溫差大的氣候特徵

單品4：手杖
可趕牛羊、挑重物兼防身

單品2：短褲或長褲

單品5：國民塑膠涼鞋

很納悶，明明有水力發電廠，為什麼動不動就停電？明明號稱東非水塔，但水龍頭常常沒有水，這個國家最常看到的就是黃色水桶了，儲水是生活中的大事，嚮導很無奈地告訴我，這一切導因於政府效能不彰，儘管大水壩一個接著一個蓋，但人民用水用電的基本需求，並沒有因此而得到改善，那些水電通常是賣給鄰國，而錢不知是進了誰的口袋。

等車空檔，在小店喝本地特產：蜂蜜酒

Taj (蜂蜜酒) 裝在透明玻璃小圓瓶中，金黃色澤十分漂亮。

黃色水桶

38

7月12日 (二) 船渡塔那湖

不敵日夜溫差、食物口味不合、以及眾多文化衝擊的挑戰，我生病了，今天要離開 Bahir Dar 巴赫達爾了， 真慶幸我就要離開了，因為☹真的受不了天天被敲詐的生活，昨天從尼羅河瀑布回來時，回程巴士都會有當地人搶先上車佔位子，然後向我們 faranji 收取高額的坐票，從導遊、司機到村民都默許這樣的行為，簡直是『一條龍』經營，他們認定我們搶不過當地人、他們認定我們無法在車上久站、他們認定我們有的是錢……，我的精力與對人的信任在這些消耗中流失， 累了，生病了，與其說是生氣，我想，沮喪與疑惑更多吧！為什麼衣索比亞會這樣？為什麼非洲會這樣？我需要好好想一想。

下一個目的地是 Gonder 貢德爾，從 Bahir Dar 巴赫達爾有高級巴士和迷你巴士可以搭，但我臨時改變主意，不想搭高級巴士，想試試搭船的感覺，(我真是奇怪的人，偏偏選最麻煩的方式做事)，於是☺選擇先搭船到 Gorgora 戈爾戈拉，再找車子前往貢德爾。(搭船較耗時)

Bahir Dar → Gorgora

公共汽船，上午7:00出發，12:00停在 Dek Island 島午餐，下午4:00抵達 Gorgora，船資每人278 Birr；Gorgora 港口旁有兩間旅館，我住宿在 Gorgora Port Hotel，一晚300 Birr，房間有點可怕，但勉強接受。

39

鹹酥雞

可樂果 豌豆酥

統一肉燥麵

肉圓

酸辣湯

魯肉飯

水餃

被挫折而疲倦打敗的我

我的行李 用來放腳

從這個小窗戶可以買水果

未削皮的甘蔗,整根賣

Faranji Faranji

Pen

Pen

money

Pen

Faranji

上午的航程中,船上約有十來個乘客,其中有三個老人喋喋不休地聊天,重感冒的我把自己包得密不透風,一路幻想著台灣美食,我好想來一盤水餃配酸辣湯喔!

船上好幾個乘客的目的地是 Dek Island,我們在這個島的 Gurrer 港口停靠,上岸覓食,我到村子裡晃晃,

這裡很少有外國人造訪,村子裡的小孩將我團團圍住,指著我說:"faranji"、"Pen"、"money",重感冒的我,沒有吃英吉拉午餐的胃口,只想買點水果。

當地的水果店只有一根根很長的、未去皮的甘蔗,我放棄沒買,回到船上,乘客只剩我和一對兄妹,那位哥哥拿出一包餅乾請我吃,再俐落地徒手劈開剛買的長甘蔗,遞給我一段,我學他們用上下兩排門牙撕開甘蔗皮,大嚼特嚼,甜甜的汁液在嘴裡漫開來,伴著湖上清風,鵜鶘在水面捕魚,好幸福啊!吃完餅乾和甘蔗,我蓋著外套在甲板長椅上睡了一覺。

40

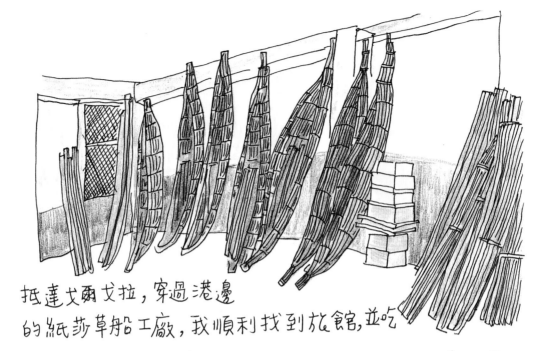

抵達戈爾戈拉，穿過港邊
的紙莎草船工廠，我順利找到旅館，並吃
了飯，在旅館的大廳有婚禮正在舉行，他們加邀我同
樂，我趁著天黑之前去探訪這地區的一處修道院。

茅草覆頂～

木結構

圓形的修道院就地取材，
本身是大地色，因此非常融入
此地森林田園的大自然景致，在修道院旁邊有好
幾個小木屋，其中一間住著一位僧侶，見到我則微微
頷首致意。

41

褪色十字架

蓆

石牆

柵門

修道院中放了很多非洲鼓，供祭祀儀式使用

炭火

火爐子

只用一個簡單的小鐵鍋，就可以做爆米花

咖啡

乳香

野花

爆米花

青草

穆斯林

基督徒

參觀完修道院，到村子裡的咖啡攤位去喝杯咖啡，老闆娘Amafrech興致高昂且熱絡地招呼我，她一邊煮咖啡一邊去採了新鮮的青草和野花（衣索比亞人真的好愛用青草當布置元素），她精心布置了茶几，並燃起乳香，又做了爆米花請我吃（是的，衣索比亞人喝咖啡配爆米花！），接著我介紹店裡的一切，這幾天對人很有戒心的我，面對這樣的熱情很疑惑，以為她要多收錢，但最後證明是我多心，她只收了 5 Birr，抱了抱我，帶我到路口，為我指引回港口旅館的路，令人感動莫名。

三港邊樹下有人埋鍋造飯，要我加入並合照，他們向我強調：衣索比亞是基督徒與穆斯林歡樂和平共處的國家。

42

7月13日 (三) 困在半路

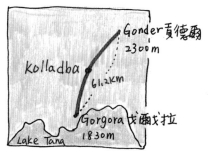

撥了鬧鐘，清晨六點6即起，準備搭早上7:00的迷你巴士前往貢德爾，旅館守衛急急跑來幫我提行李，要我趕快上一台迷你巴士，但那巴士上沒有其他乘客，且因為語言不通，司機連車子是否要去貢德爾都說不清楚，我不敢貿然上車……。(事後證明那守衛是一片好意，他知道貢德爾有暴動，交通停擺，他竭盡所能地幫我找到交通工具)

幾個懂英文的當地人跑來，告訴我昨日貢德爾發生暴動，目前狀況不明，他們叫我別擔心，說會密切掌握最新消息，然後幫忙找到交通工具，於是，我像個守門員般坐在旅館門口的長沙發上等消息，嗯！大不了，就再住一晚吧！門口來往的人相當多，我想，全村都知道這裡有個 faranji 要去貢德爾吧！九點多，另一個警衛跑來告訴我：『路通了，我找了迷你巴士來門口接你，車子要來了，快準備上車吧！』，負責掃地的清潔工媽媽抱了抱我，並要巴士小弟把我的行李綁牢一點，偷偷向我使了個眼色，要我多加留意安全，與善良的他們道別，我就這樣踏上了命運多舛的前往貢德爾之路。

43

我的背包↓

路況很差，我真擔心我的行李會從車頂上掉下來，司機看出我的擔心，不斷地用手指著後照鏡，然後用眼神告訴我他會一直幫忙注意著。然而，車子到了某個不知名的地方，停下來不走了，大路的兩側全是簡陋的鐵皮屋，路上全是人和車，司機要我們全下車，說：『不去貢德爾了』，我想知道為什麼，但語言不通，一群人圍著我雞同鴨講，一臉白癡相的我讓大家束手無策（這個白癡無論怎樣就是堅持今天要去貢德爾，根本是來亂的！）大家想盡辦法，最後找來村子裡一位曾到中國當交換學生的男子，男子名叫『郎樂』，是Mekele馬卡雷大學漢語系學生，明明是衣索比亞人，卻說得一口字正腔圓的中文，他的出現不但解救了我，也解救了束手無策的村民，郎樂告訴我，貢德爾暴動又起，路全封了，現在去太危險了，先在這裡住一、兩天吧！這鳥不生蛋的地方哪裡會有旅館啊？郎樂說不用擔心，因為衣索比亞幅員廣大、往來商旅需要有地方過夜，這個小村子有好幾間旅館！然而，因為這兩天附近的考試中心正在舉行大學入學考試，這個小村來了很多擔任主考官的老師，旅館床位炙手可熱，身為faranji的我，明明一晚60 Birr的房間，我卻得付200 Birr，而且這是一個截至目前為止，我所住過的最可怕的房間，比多年以前遇到的中亞黑洞更加『黑洞』的房間。

44

堅固厚重的鐵門及鐵窗

牆壁上滿是髒汙

保險套

從旅遊書的"生存守則"得知，衣索比亞的廉價旅館常常也是被當成性交易場所(真害怕)，旅館會在房間內放置保險套，以防治愛滋病。

插座快從牆上脫落了，唯一可取之處是被單很乾淨，且有太陽晒過的味道。

除了握手互道 Selam 當地人另一打招呼方式

彼此互碰右肩，感情親密者會連續碰三、四下

頭頂重物(有練過)

簡直是虎落平陽被犬欺

You You You You You You You You You You You You You

在觀光區，我是觀光客，在非觀光區的小村子，我則成了被觀光的對象，到哪兒都被圍觀，尤其是小孩子，跟著我 圍著我，不斷地叫著："You．You．You……"，

衣索比亞人好奇怪，總喜歡對外國人發出"You、You、You…"的怪聲，村民拿手杖為我驅趕屁孩，並為我買來瓶裝水，飽受驚嚇的我，一邊躲避小孩不斷拉扯衣服跟包包，急忙躲回旅館。

停電了，在旅館餐廳寫日記，那些來此住宿的老師們請我喝咖啡，並用手機播放傳統音樂，放在餐桌上陪我寫日記，感謝他們。

本日唯一進食：肉桂丁香菜和甜甜圈

45

7月14日(四) 抵達貢德爾

在這個家徒四壁的旅館房間裡，我找不到任何家具或釘子可以支撐懸掛起自備的蚊帳 ☹，只好不斷地噴防蚊液，希望它能像小王子的保護罩那樣保護我。一整晚，附近清真寺的吟唱聲好像沒停止過，睡睡醒醒，終於等到天亮。

這間旅館雖然簡陋不乾淨，但規模小，且所有房間都面向天井，一有風吹草動，馬上會驚動所有人，反而令人有安全感，不過簡陋的廁所讓我有難以跨越的心理障礙，且半夜出房門上廁所太不安全了，所以我像隻耐饑渴的駱駝，極少進食與喝水，希望減少上廁所的次數，如果有一天，我不那麼在意這個，應該就無敵了吧！

村子裡的人告訴我貢德爾的暴動停歇了，他們把我送上迷你巴士，祝我一路順風，來不及向會說中文的郎樂告別，我傳了簡訊給他，祝他在阿迪斯阿貝巴找到好工作，他告訴過我，中國在衣索比亞進行大規模投資，他學中文是為了在中國公司找到工作，一般人的月薪頂多2000~3000 Birr，但以他會說中文的大學學歷，卻可找到月薪10000 Birr的工作，剛畢業的他下週要動身前往阿迪斯阿貝巴求職，以改善家中經濟。

46　順利抵達貢德爾，住進旅館，先上網報平安，再洗去一身塵泥。

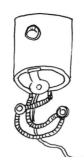

在台灣養尊處優的阿宅公主 Peiyu 沒看過這種儲水式的電熱水器,不知道這種東西是要插電的,最好在洗澡前0.5~1小時前插電,才會有熱水可用。

哎!

Michael Hotel ☎ 0581110020
Mobile：0945 566610
WEB：www.michaelhotel.com
單房.250Birr.附衛浴.熱水
wifi 房間大又新.乾淨,櫃台的人很和善,像天堂.

午餐又吃番茄義大利麵配麵包,我都快要不想畫這碗不像義大利麵的麵了,朋友傳訊息來說:『可能是義大利佔領得不夠久,義大利麵都還沒教好就走了!』

上街吃飯買水,廣場附近布滿軍警,建築物滿目瘡痍,可以想見前兩天,這裡必定歷經激烈的抗爭,走回旅館的路上,又有抗議口號聲接近,車輛紛紛掉頭,一位長者指示我換另外一條路走,旁間一間餐廳老闆要我進門躲避,他們迅速拉下鐵門,滿屋子的食客靜默無聲,老闆叮嚀我一定要遠離那些喊口號的示威群眾,不然會被石頭打中,不一會兒,緊張的氣氛緩和,他們淡定告訴我:『放心,不會有事的!』

礦泉水
1L, 12Birr

城堡大門前廣場建築物玻璃都被砸爛,其中一間是 Central Gonder Hotel,當天住在裡面的旅客想必萬分驚恐。

47

7月15日(五) 暴動陰影

昨天整整熟睡了十幾個小時，舒服有安全感的旅館讓我精神放鬆，感冒也好多了。開始研讀衣索比亞歷史，才能深入認識這個國家。

從上週六到這週三，像 Facebook、Twitter、Instagram、Line 這樣的社群媒體都無法使用，上網看新聞，衣索比亞政府公告說為防止舞弊情事且讓高三生專心準備考試，所以暫時封鎖社群媒體，等週四考完最後一科才開放……(什麼鬼啊！難道沒人翻牆嗎？)，但今天我還是無法使用社群媒體，猜測應該和暴動有關，因為只要是和 "Gonder" "protest" 等關鍵字相關的網頁都被封鎖，(想想昔日的『阿拉伯之春』，不就是因為社群媒體才引發星火燎原的嗎？)，發了郵件給朋友 Lily，請她幫忙擷取相關新聞網頁存成圖檔寄給我，Lily 很快地回信了，她說：『還好那天你沒搭巴士……』，新聞網頁說 Selam bus 這間高級巴士公司具有黨營色彩，在週二的暴動中被縱火，週二那天貢德爾槍聲四起。

當地人告訴我，這是當地人民反抗政府的行動，他說，這個政府從1991年到現在，沒換過，問題很多，我讀了相關資料，原因千絲萬縷，冰凍三尺非一日之寒，這和族群衝突、政府長期貪腐與高壓統治脫不了關係。

48

Peiyu的地理教室：衣索比亞族群及問題

族群：Oromo奧羅莫 34.4%、Amhara 阿姆哈拉 27%
Somali 索馬利 6.2%、Tigray 提格雷 6.1%，
及其他。（資料來源：2007年衣索比亞人口普查資料）

衝突：現今衣索比亞執政黨EPRDF是以提格雷族為
核心（但其實是少數統治多數），長久以來在財政
及社會發展方面獨厚提格雷族並壓制反對派，民
族矛盾積累已久，一觸即發。

24Birr

炒蛋

三淋上優格

用蕃茄醬及辣椒
調味的炒麵包

用湯匙及叉子先把
麵條及醬料攪拌，
切碎麵條。

用英吉拉或麵包把
麵條包裹起來吃，
（不管吃任何東西，英
吉拉一定湊上一腳）

感謝老天，今天　終於吃到了不
是英吉拉的食物：衣索比亞早餐
Nashif 炒麵包，多汁且美味。我
邊吃炒麵包，邊觀察
當地人吃義大利麵的方法。
旅館附近有個超市，實
際上只有幾個貨架，放
了零星商品，我買了印尼
營多泡麵Indomie，曾在
台灣風行過一陣子，這款泡麵有
取得清真認證（Halal），所以風行
非洲伊斯蘭國家，在奈及利亞，衣索比亞
都有設廠，聽說非洲的營多泡麵包裝
份量有加大且較辣，不過我第一次吃，
老實說，還是台灣泡麵好吃。

Indomie
Instant Noodles

120g
120g
Jumbo

P&G
mogo
Chicken
Flavour

13 Birr，衣索比亞製造

49

這個城市的人們淡
定得好像什麼事都
不曾發生,下午在城
堡區前的廣場進
行著足球賽,群
眾呼朋引伴一同
觀賞,連嘟嘟車
司機也停下來看,生意都不做了,若不是對面建築被砸碎
的玻璃仍未清理.地面上仍留著汽車被焚燒的痕跡,
實在很難想像幾天前這裡曾經不平靜,鎮守的軍警滿
臉倦容,無精打采地滑手機聊天。

感謝m送給我
她在泰國買的
椰汁南薑雞湯
包,加在泡麵中
真是振奮人心。

這裡的騙子實在太多了,而且
騙子彼此之間還會用手機
互通聲息:

有一個台灣
女生要去買票了,
盯住這頭肥羊。

OK,OK,
檢詡煮
熱的鴨
子飛了。

騙子分布密度之密集,說謊時態度偽裝之誠懇,讓我深
深覺得印度的騙子已經輸了幾條街,整個下午我
的心情被搞得烏煙瘴氣,只好上充滿懷舊風情
50 的 Ethiopia Café 咖啡館喝咖啡滅火。

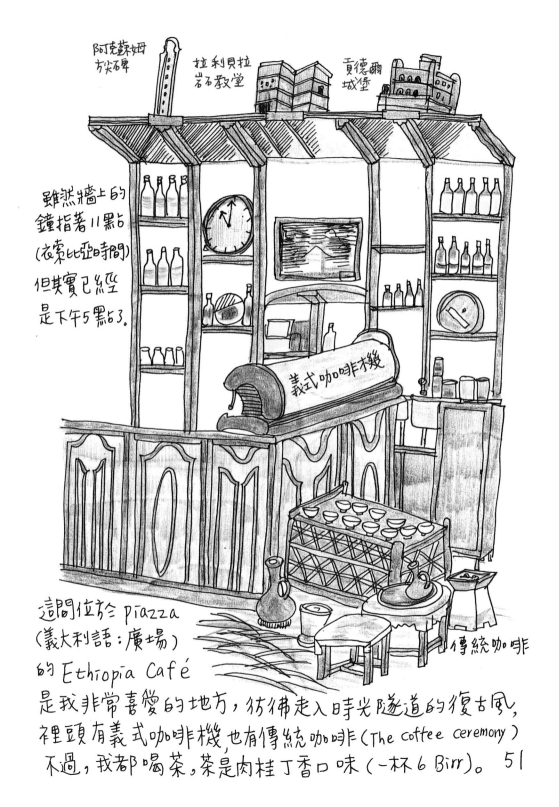

阿克蘇姆
方尖碑

拉利貝拉
岩石教堂

貢德爾
城堡

雖然牆上的
鐘指著11點
(衣索比亞時間)
但其實已經
是下午5點了。

義式咖啡機

這間位於 piazza
(義大利語:廣場)
的 Ethiopia Café
是我非常喜愛的地方,彷彿走入時光隧道的復古風,
裡頭有義式咖啡機,也有傳統咖啡(The coffee ceremony)
不過,我都喝茶。茶是肉桂丁香口味(一杯6 Birr)。 51

傳統咖啡

7月16日 (六) 參觀皇宮遺跡

我停下來、好讓我的靈魂 跟上來

為什麼你一直在睡?

可能因為海拔高度的關係，我在衣索比亞高原上的生活很容易感到疲倦，明明出發前幾個月就展開體能訓練，但在這兒，外出活動沒幾個小時，就感到精力耗竭，海拔高度造成的氧氣較稀薄可能是原因，但我已來到此兩週，照理說應該適應了才對。衣索比亞人很會跑馬拉松，跟很多村莊動輒 2000 多公尺以上，低氧的環境有關。

想想也可能和我服的抗瘧藥物有關，這次換了一種藥，起身翻了藥袋，醫囑上註明的副作用，疲倦、噁心……恰巧都發生在我身上。

這間旅館極現代化，醒來時，常誤以為自己人在台灣，因為衣索比亞的資訊安全局 (INSA) 監控網路、封鎖社群軟體，我少了使用臉書及 line 的時間，可大量地睡眠休息，把生活調整成 睡眠、外出活動、閱讀及寫日記的單純，漸漸地，那個在台灣被安逸庸碌生活豢養得遲鈍呆滯的靈魂，好像活過來，而且跟上來了，我把自己調整到適當的節奏。

再這樣下去，我們
倆都會變成草間
彌生的南瓜藝
術品了

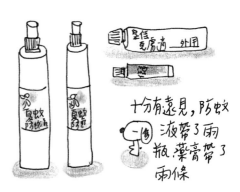

十分有遠見，防蚊
液帶了兩瓶，藥膏帶了
兩條

另一件讓人困擾的事情是"跳蚤"，早已聽說衣索比亞跳蚤的強大威力，我帶了兩大瓶既可防蚊亦可防其他蟲類（例如跳蚤）的防蚊液，之前住在設備較舊的旅館時，我不敢大意，幾個小時就補噴一次，但搬進這間的旅館設備新穎現代化之後， 就鬆懈了，疏於防範，殊不知跳蚤是無所不在的，牠不在旅館的床單上，卻有可能在修道院的地毯上、在市集的牲畜上、在小店的座墊上……，就這樣，身為過敏體質的我被咬得慘兮兮，只好趕快擦藥救火，從這個教訓之後，就算噴防蚊液噴到呼吸困難，☹ 也要時時提醒自己。

早餐 FUL
24 Birr

麥面包（一次給兩大個）

看來你在衣索
比亞的生活
漸入佳境，沒
有一直吃英吉拉了

"Ful"是當地人常吃的早餐
蛋和豆泥、番茄醬、洋蔥、
辣椒等炒成一小碟，用麵包沾著吃

53

週六是市集日，在去逛城堡區景點之前， 決定先去巴士站再問問週一要移動到Axum的票，逛逛市場，然後趁銀行沒關門前去換現金，移動問題多，多換點比爾Birr在身上比較不擔心。

1USD≒21～22 Birr，100美金換到2100多Birr，讓人傷腦筋的是，最大面額的鈔票是100 Birr，我用事先準備的塑膠袋把錢包好， 常常拿到破損、污穢不堪的鈔票，真怕弄壞它們。一元的鈔票現在多已被硬幣取代，

一元硬幣上有獅子
的圖案，獅子在衣索
比亞被視為崇高的象徵。

所以如果拿到一元鈔票，多半是破舊不堪，我都迫不及待趕快用掉。

然而，如果不太了解一個國家的話，其實可以從觀察紙鈔開始，想到此，我掏出了身上所有面額的鈔票，逐一審視圖案背後的意義，從裡面可以知道衣索比亞其實有很豐富的自然生態美景和文化。

1元鈔票（背面）

→重要景點：藍尼
羅河瀑布（尼羅
河源頭）

10元鈔票（正面）

▶ 用來裝英吉拉的容器

▶ 草編籃子工藝

5元鈔票（正面）

收成咖啡 ◀

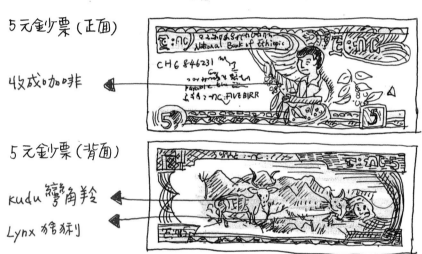

5元鈔票（背面）

kudu 彎角羚 ◀

Lynx 猞猁 ◀

50元鈔票（背面）

貢德爾城堡建築

50元鈔票（正面）

農夫牽牛在犁田 ◀
在索比亞鄉村常見！

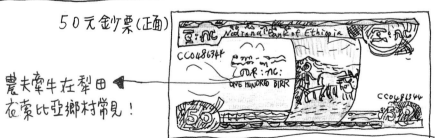

55

貢德爾 皇宮古堡 遺跡　Royal Enclosure

"UNESCO" 世界遺產

△ 門票：200 Birr
△ 可請 Guide 解說，但我自己做
　了準備，我是自己的 Guide

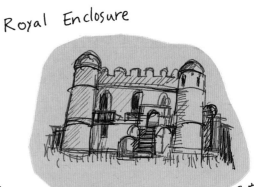

Fasiladas's Palace 法西拉達皇宮

約在西元17世紀中葉，衣索
比亞國王法西利達斯（Fasilides）
定都於此，陸續進行各項
建設，其繼承者繼續跟
進，於是一棟棟的宮殿、
城堡、公共浴室、圖書館等
華美建築在此大放異彩，
貢德爾位居重要貿易路線，
故建築揉合了阿拉伯、印
度、歐洲等風格，這個遺
址四周由高牆保護，占地
約7公頃，這是我在貢德
爾所享受的最安靜、完
全沒人打擾的時光。

library 圖書館

Fasiladas' Archive 檔案室

56

Palace of Iyasul 伊亞蘇一世皇宮

少了路上充斥的騙子，這裡是全貢德爾讓人最沒壓力的地方！

我同意

Mentewab's Castle 美特瓦佰城堡

Turkish bath 土耳其浴室

Dawit's Hall 達維特廳

Lion House 獅子窟

stables
馬廄 →

Bakaffa's Palace 巴卡法宮殿

57

7月17日（日）驚人的教堂壁畫

我的旅行步調要配合當地人的生活節奏，今天是他
們上教堂的日子，附近的教堂大約清晨四點多就
傳出吟唱聲，讓人無法忽略，只好早早起床上教
堂。目的地是 Debre Berhan Selassie church（德伯雷
伯漢塞拉西教堂）。當地人告訴我：

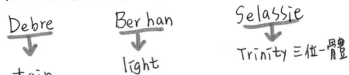

Debre → mountain

Berhan → light

Selassie → Trinity 三位一體

58　最有名的，是天花板上濃眉大眼的非洲小天使壁畫。

這裡的壁畫真是美不勝收。
太驚人了！
哇！
…哇 哇 哇！ 哇 哇…
你全部畫
下來了，
更驚人！

59

離開教堂之後，想散步走下山，卻搞不清楚方向，只好問人，有位男子自告奮勇要帶路，我擔心又是要來騙錢的，斷然拒絕，男子後來追上來，叫我別害怕，他說他是警察……，我心裡打一百個問號，不太相信，

沒想到他真的是一個正在休假的警察，因為路上的人看到他都打招呼且表示敬意，有了警察當我的隨扈，今天一路上我都沒再被騷擾了，且他好人做到底，不但帶路下山，還陪我去巴士站買車票，聊到衣索比亞的文化，我說對傳統服飾有興趣，他說乾脆你就在市場買一件吧！後來警察還提議要合照留念，真是奇怪的衣索比亞警察。

→natela

準備拿回台灣當教具秀給學生看的傳統服飾，據說是在宗教節慶會穿。

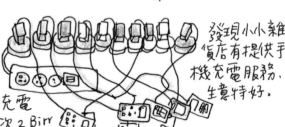

充電
一次 2 Birr

發現小小雜貨店有提供手機充電服務，生意特好。

7月18日 (一) 驚險山路巴士之旅

Aksum 阿克蘇姆, 2130m
Gonder 貢德爾, 2300m

shire 希雷 —— 67.1km —— Aksum 阿克蘇姆
Simien Mountains National Park 塞米恩國家公園
291km
Gonder 貢德爾

→ 一件行李要加 5～10 Birr

交通方式: 從 Gonder 到 Aksum
沒有直達巴士, 要在 shire 換車
① Gonder → shire, local bus
(沒有高級巴士), 127 Birr, 10hrs
中間下來修了三次車 (一次午餐)
② shire → Aksum, mini bus,
25 Birr, 2hrs.

帶了半斤柳丁 (13 Birr)
半斤香蕉 (13 Birr), 在路
上吃; 買水果時, 小販
老是用 faranji price 敲詐我.

今天是移動日, local bus 清晨
五點在巴士站等候, 請旅
館櫃台幫忙預約了嘟嘟車,
送我去巴士站, 比較安全。
然而, 這城市布滿軍警, 安全
到不行, 昨晚我不斷從窗簾
後偷瞧街道, 發現軍用卡車
不斷地將士兵送入這個城市,
有種山雨欲來風滿樓的緊張
感, 我決定早早離開, 先走為妙。
這裡早晚溫差極大, 白天太陽出來
後約 20 幾度, 下午通常會有短暫的
雷陣雨, 而晚上則是連夜的雨, 只要
一下雨, 氣溫就陡降, 且常伴隨
強風, 我常常在夜裡凍醒……,
為了清晨搭巴士, 我確實做
好保暖工作, 加強裝備。
Local bus 是那種在南美洲
被稱做 "chicken bus" 的

61

老舊巴士，儘管☺已經事先買票劃位，但很多人沒照位子坐，這輛巴士嚴重超載，爬坡時總是氣喘吁吁，現在正值雨季，所以我沒去Simien塞米恩山區健行，不過今天的移動路線會經過塞米恩山區，美麗風光盡收眼底，珍奇的Geleda baboon吉拉德狒狒，就坐在路旁，成群嬉戲，好奇地張望我們，然而，未鋪柏油的糟糕路面，加上無數髮夾彎大迴轉，看著窗外的山高谷深，我幾次懷疑自己是否會命喪此地？膽都快嚇破了。

Geleda baboon
又稱為"紅心狒"；
因其胸部長有紅色
裸皮，尾巴很長，很
像獅子的尾巴，是靈
長類動物中唯一以
吃草維生的。

檢查哨其實只是在
道路兩側立上兩根
木樁，然後拉上一根
繩子，實在很像是在
扮家家酒吧！

途中，遇到多次臨檢，甚至還需要被搜身，每次軍警上車時，都會叫大家把證件拿出來，高高地舉在手上，那畫面超好笑（但我拼命憋笑，怕徒生事端），奇怪？這樣舉起證件，是要檢查什麼呀？真是奇招。隨著巴士向北行，我們離開了Amhara阿姆哈拉州，進入Tigrary提格雷州，衣索比亞大致上依民族劃分為九個州，語言也不盡相同，同車乘客告訴我，講阿姆哈拉語的他到了提格雷州，就會跟我一樣有口難言了，不過我覺得衣索比亞人的英語水平贏過學了十幾年英語的台灣人，他們肯說，敢說，且說得不錯。

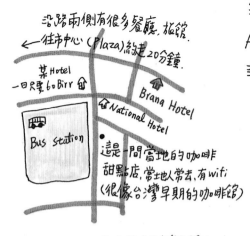

沿路兩側有很多餐廳,旅館.
←往市中心 (Plaza) 約走20分鐘.

某 Hotel
一日只要60Birr 🏠

🏠 Brana Hotel
🏠 National Hotel

Bus station

● 這是一間當地的咖啡
甜點店,當地人常去,有wifi
(很像台灣早期的咖啡館)

BRANA HOTEL 我住很多天才有大折扣!
每日 325 Birr (淡季才有的超級折扣).
超熱熱水. wifi (但常故障). 乾淨.

到了 shire 希雷,一位英文老師
Amanuel 和他的家人及朋友一路
幫忙我搭車.換車.找旅館,
Amanuel 和其家人找到一間人
一晚只要 60 Birr 的房間,他們
要待一晚,明天再搭車前往
Adigrat 工作,這間只要60Birr
的旅館雖然便宜,但樓下
是龍蛇雜處的酒吧,且房間
共用長走廊且環繞天井,只

有公共衛浴。對我而言,不太安全,我告訴 Amanuel 我想去
看看斜對面的 National Hotel,若不合意,再自己搭嘟嘟車進
市中心找旅館,Amanuel 要我別擔心,說他和家人會陪我
找到旅館為止,我們在 National Hotel 前被掮客攔下來,
說要介紹旅館給我們,然後被帶往高級新穎的 Brana
Hotel,這間之前嘟嘟車司機也介紹過,大家都說這間對
我而言比較合適,但我不想住,怎麼說呢?房間當然好得
沒話說,Faranji Price 我也不是負擔不起,但是當這裡的人
住在窄仄土屋、辛苦提水,我何德何能享受這種豪華待遇,
心裡實在過不去,好像住了就徹底變成一個 Faranji,Amanuel
勸我住下,因為已經八點多,天已經黑了,我不安頓好,他不放心。

63

7月19日 (二) 無所事事

不夠！

你還不夠慢嗎？

早上醒來，先讀衣索比亞歷史，再拿出手機，將這幾天要去的景點定位；出來旅行快三週了，大略摸清楚在這個國家旅行的節奏大概要放多慢？應該把接下來的行程稍微規劃一下，以免真正想去的地方沒時間去，一整個上午我都在做這件事，期間樓下櫃台打電話上來確認我是否在房間？其實，我一直在想，那位掮客和經理為何降價讓我住進這間旅館（這間旅館專門經營外國觀光團）。☺ 最大的原因是想包辦我這幾天的行程，以及接下來其他景點的行程，他們有問我是否要去 Makele 馱雷？是否要去看火山？衣索比亞的旅遊業壟斷很嚴重，且 Danakil Depression 達那基爾低地的火山行程不管你找哪一家旅行社，最後都會被轉到 ETT (Ethio Travel & Tours) 手上，經理問我是否知道 ETT？他們說傍晚要找 ETT 的人來向我介紹行程，我婉拒了，但心裡明白接下來幾天免不了被推銷行程。這裡的氣候較乾燥，開始看到駱駝了，路邊也有很多人在賣仙人掌果實，香甜多汁，我買了4個來吃。

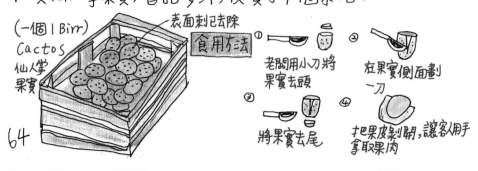

（一個 1 Birr）
Cactos
仙人掌果實

表面刺已去除

食用方法

① 老闆用小刀將果實去頭

② 在果實側面劃一刀

③ 將果實去尾

④ 把果皮剝開，讓客人用手拿取果肉

綠色辣椒

炸過的牛肉

炭火
不管吃多久,肉都可以保溫

berbere辣椒粉調成醬汁

啤酒

英吉拉捲成毛巾狀

牛的屍體

秤

tere sega 牛肉

berbere辣椒粉　芥末醬

附上小刀一把讓顧客自己把肉切成小塊

午餐：Shekla Tibs
　　　陶鍋

要想吃到好吃的東西,最好的方法是"不耳心不問", 在路邊看到有人在吃一種很像烤肉的東西,立刻上前問『這是什麼?』『好不好吃?』,當地人立刻抓了一把給我試吃,並邀我一起吃,我也點了一鍋,雖然還是配英吉拉吃,但我對shekla Tibs 十分滿意, 沒想到賣生牛肉的店,也可以吃到美食。

這種生牛肉店在衣索比亞十分常見,店面通常高掛了至少一具牛屍,十分駭人, tere sega (牛肉)是當地人喜愛的美食,但我至今仍沒勇氣嚐試,曾被牛屍嚇到,吃了好幾天素。 65

Aksum是一個宜人的小地方,人口不多,不擁擠,逛起來很舒服,查了一下旅遊書的人口資料。

Bahir Dar 人口:170300人 (上上週去的巴赤赤達爾)
Gonder   人口:227100人 (上週去的貢德爾)
Aksum   人口:54000人 (現在所在地阿克蘇姆)

且,阿克蘇姆位於提格雷卅(Tigray),現今衣索比亞執政黨由提格雷族把持,對提格雷卅的經費多所挹注,所以昨日一路從阿姆哈拉卅(Amhara)過來,可以明顯感受到道路品質較佳,且市容看起來比較不破敗雜亂。且 Aksum 的市中心也有進行規劃,至少方尖碑前的廣場整理得頗開敞舒適,坐在那兒看人、看駱駝、看驢子,挺舒服的。

Aksum
Tigray
Afar
Gonder
Beneshangul
Gumuz
Amhara
Dire Dawa
Gombella
Addis
Ababa
Harar
Somali
SNNPR
Oromiya

Administrative Regions
and Zones of Ethiopia

回旅館途中遇到一場大雨,趕緊躲入旁邊的披薩店,順便點了披薩來吃,阿克蘇姆是不錯的地方,食物美味。

丁香肉桂茶有薄荷味

放在木圓盤上的瑪格麗特披薩,超大!

81 Birr

66

7月20日(三)方尖碑與博物館

在雜貨店買了2包營多麵 Indomie 當存糧，這次買到蔬菜口味，衣索比亞製造生產。

昨晚回到旅館時，旅館經理果然還是找了 ETT 的人來向我介紹行程，可說十分積極，看樣子他們不會輕易讓這筆生意飛掉，我決定在此延長停留，在這個舒服的地方先把 Danakil Depression 達那基爾低地的功課做完，了解情勢，才不會被剝兩層皮。

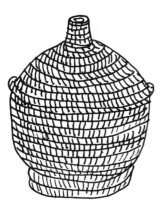

打開後，裡面放英吉拉

阿克蘇姆的草編工藝很出色，頗負盛名。衣索比亞的家庭通常一次會做好很多英吉拉，然後放在這種草編的簍子裡，在阿克蘇姆街頭，看到很多店家把色彩鮮豔的簍子擺出來賣。

fatta
很辣的青辣椒
優格
炒蛋
36 Birr
炒麵包

今天在餐館點 fatta 來吃，實在搞不懂跟上次吃的 Nashif 有何不同，都是用番茄醬炒麵包，和炒蛋、優格混在一起吃。

67

阿克蘇姆的興起　小檔案

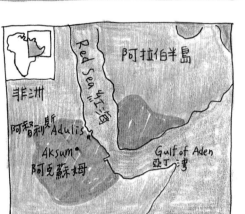

強盛時期帝國包括現代衣索比亞、蘇丹、
厄立垂亞、吉布地、葉門及沙烏地阿拉伯部份地區

公元前六世紀,有一支說 Saba 沙巴語的民族,從阿拉伯半島西南部度紅海而來,從事農耕,漸之地,他們不再使用沙巴語,改用一種演化的 Ge'ez 吉埃兹語,衣索比亞目前的主要語言阿姆哈拉語也是採用吉埃兹語的表音法,吉埃兹語至今仍是衣索比亞教会的禮拜儀式語言。

阿克蘇姆於西元約一世紀時建國,定都阿克蘇姆城,就這樣,阿克蘇姆成為衣索比亞最古老王朝的首都,在這此後的幾世紀裡,阿克蘇姆利用其紅海港口優勢 (Adulis 阿智利斯) 推展貿易,國力強盛,足以和當時的羅馬、波斯等帝國分庭抗禮。公元三世紀時,他們就已經鑄造自己的錢幣,阿克蘇姆國王伊沙那二世(King Ezana II 303-356 A.D) 在位期間不但征服附近小部落,甚至收服了葉門,建立了橫跨紅海的大帝國,為鞏固與地中海說希臘語世界的貿易,他改信基督教,並訂為國教,然七世紀時,伊斯蘭興起,削弱阿克蘇姆貿易地位而漸衰。

68

今天的參觀重點是 Northern Stelae Field 石碑公園廣場，這裡到處是高低不一的石碑；石頭建築是沙巴移民引進的概念，阿克蘇姆人將之發展為特色，其中最著名的就是方尖碑 stelae 了，這些方尖石碑用來標示國王陵寢的位置，碑上雕刻了許多層狹窄的房屋，窗戶、門、過樑等精美絕倫地呈現在石壁上，據說這是工匠為國王所修建的通往天堂的樓房。

我以前只知道埃及有方尖碑.

這是世界上最高的石碑，但已經倒塌，斷成數截倒臥在草地上，被認為是人類史上樹立起來最高的石碑。

第1名，33m，500多噸

Great stele

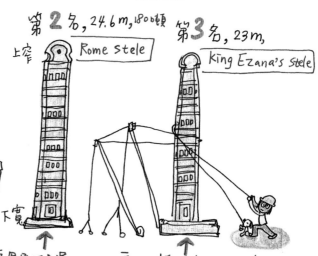

第2名，24.6m，1800噸
上窄
Rome Stele
下寬

第3名，23m，
King Ezana's Stele

這塊方尖碑在1937年，被墨索里尼下令運到義大利，矗立在羅馬市中心，衣索比亞歷屆政府不斷要求義大利歸還這座方尖碑，2005年，義大利將它分三塊空運回衣索比亞，再進行重組，義大利在方尖碑表面塗了特殊塗料加以保護，這塊方尖碑看起來較新，果然有美容過有差！

重160噸，一直屹立不搖，不過現在有用鋼索支架幫它站穩一點，它看起來像一座精美的塔樓，雕飾了窗戶的圖案，最底層還有一扇門，門上還雕刻了把手。

69

基督教時代之前的錢幣
有新月及
（代表太
之圖形

圓形
（陽）

COINS OF THE
PRE-CHRISTIAN PERIOD

在伊沙那二世（King Ezana II）將基督
教訂為國教之
後，阿克蘇姆進
行貿易所鑄造的
錢幣就有十字架圖案。

COINS OF THE EARLY
CHRISTIAN PERIOD

COINS OF THE LATER
CHRISTIAN PERIOD

Archaeological Museum 考古學博物館
（不可拍照）

並有滾
木之類設備輔助

以大象馱運巨大石板

以人力拉繩索
立起防尖碑

這幅畫還原古
代運送巨大石碑
是如何克服技術
上的困難。（筆漏水）

人力從採石場搬來石板

用來裝酒或油，
可能在西南土耳其或
塞浦勒斯製造
的容器

西元一世紀時，
阿克蘇姆的港
口城市阿督利
斯（Adulis）是
紅海、印度洋、
地中海之重要
貿易站，博
物館展出當
時交流之商品。

蘇丹的陶器

羅馬皇帝送的裝飾
小物，鑲嵌在戒指上

中亞來的陶器
（已成碎片）

重要出口品：
乳香

重要出口品：象牙

70

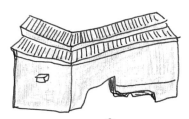

古代阿克蘇姆農民住的
房子（用石頭蓋的），以
前的人也玩 gabata 遊戲
（一種非洲棋）

窗戶形式

T-shaped
lattice
window

窗戶形式

Arch-shaped
lattice window

窗戶形式

Cross-shaped
lattice
window

考古學十博物館展出的物品有兩個重點：一是展示
阿克蘇姆如何透過貿易而崛起，在公元一世紀時，
其港口阿督利斯，輸出象牙、玳瑁、乳香、沒藥，甚至
奴隸（通常是戰俘），以換取金、銀、酒及橄欖油。
貿易往來對象有埃及、希臘、羅馬等；另一個展示重點
則放在阿克蘇姆的城市生活，展出許多日常生活
用品，並剖析建築形式之特點，現今衣索比亞的日常
活動，例如耕作、編織、陶藝、文字、宗教儀式等，其

實是根植於
阿克蘇姆文化。

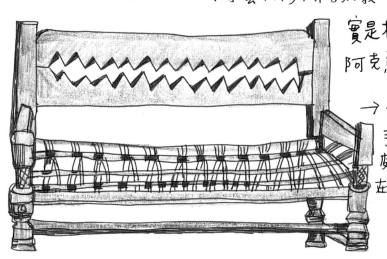

→ 博物館的
手作椅，用羊
皮及木頭做的，
在本地常見到。

71

7月21日(四) 遺跡漫遊

阿克蘇姆是個宜人的小城，我決定再待一天，悠閒

地把該寄的明信片、該
看的遺跡、該吃喝的
小店全部達陣，模離開。

寄一張明信片回台灣要 10 Birr

本日
郵戳 →

黃色郵筒十分可愛！

郵局是一間可愛的淺黃獨棟小屋

出租
信箱
？

跟台灣一樣，郵局內也有許
多出租信箱供民眾租用，
對缺乏門牌號碼的衣

索比亞而言，這是一項方便的措施。

從阿迪斯阿貝巴到巴赫達爾、貢德爾
·阿克蘇姆，我不斷地發現街上有
這種用木頭及鐵皮蓋的很像籠子的
東西，原來這是無家可歸的人的棲身

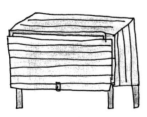

之所，這鐵皮小屋大小剛好容一人躺下，且可移動。

72.

這張票 50 Birr，可用三天，涵蓋阿克蘇姆城內土成外的遺跡群（據說有7個地方），很少拿到門票，貼起來做紀念。

Tigray Regional Government
ብሄራዊ ክልላዊ መንግሥቲ ትግራይ

ቢሮ ትልምን ፋይናንትን
Bureau of Plan and Finance

ሴሪ ት/6/ሀ
Seria T/6 A

መኣዘዚ ቅብሊት
RECEIPT VOUCHER

N⁰ 101634

13/11/08

መ/ሂ/1
ME/HE/1

Woreda

日期是用衣索比亞
曆法，而不是我

ሽም መንግታዊ በ/ዕሕፈት
Name of Public Body

ተቐቢሊ ካብ
Received From

們慣用的
曆法

አድራሻ ክልል — Zone — ወረዳ — ቀበሌ — ቁ. ገዛ
Address Region — Zone — Woreda — Kebele — House No.

衣索比亞文字
真像天書

ብጥረ ገንዘብ / Cash	ናይ ቼክ ቁ. / Cheek No. — ዕለት / Date
ብቼክ / Cheek	ሪፍ.ቁ. / Ref. No. — ዕለት / Date
ብባንክ አታዊ ደረሰይ / Deposit Slip	ሪፍ.ቁ. / Ref. No. — ዕለት / Date
ብባውሮር ባንኪ / Bank Transfer	ሪፍ.ቁ. / Ref. No. — ዕለት / Date
ካብ ወዒኪ ተቐናሲ / With holding	

ገንዘብ ልክዕ ብአሓዝ ብር
Amount in Figure   50   00

ገንዘብ ልክዕ ብፊደል ብር
Amount to Worda/Bir

ናይ አታዊ ምኽንያት
Purpose

ንሒሳብ ክፍሊ ጥራሕ For Accounte Use only   B.S.P.E. 09/07/08

ናይ በጀት መደብ Budget Category	ሒሳብ መደብ Ace. Co.	ዴቢት Debit	ክሬዴት Credit	መርመራ Remarks
	4185	50	50	
	ድምር Total	50	80	

ዘዳለዎ ሽምን ክታምን
Prepared by Name
And Signature

ናይ ተቐበለ ተቐባሊ ሽምን
Received by Name
ክታምን

ባንኪ ምእታው ዘረጋገፀ ሽምን
Approved for Bank Deposit
ክታምን

ዋንኡ - ንኽፉሊ. - ካልአይ - ንሒሳብ ክፍሊ. - ሳልሳይ - አብ ጥራዙ ይቐመጥ።
Original -- Payer.   2ⁿᵈ Copy -- Accounts. 3ʳᵈ Copy – Romaine in pad

73

今天午餐吃 macaroni 義式通心粉(管狀),附上麵包。

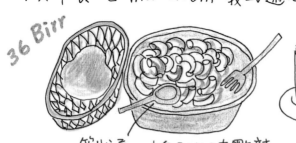

36 Birr

管狀通心粉吸附了有點辣
的番茄醬汁,十分美味

一定會點一杯 shai (茶)
肉桂丁香茶,當地人都
加很多糖,甜死了,
一定要跟店家說"
without sugar"。

基於食量考慮,我只點了 macaroni,但其實當地人最常
點的是 "macaroni and bread",這樣餐點的吃法
有點特別。

①

店家送來一個裝有兩
大個麵包的鐵盆

②

客人用手將麵包全
撕成小塊

③

店家收走盆子,將麵包
塊跟醬汁,通心粉全
拌在一起,再拿給客人

KIDS 8

HOT
LIKE
MITMITA
ØTT®°Lm

這件小T恤
買來要送給
某個將滿
三歲的小朋友,
生日快樂。
要開心長大。

→ 這個字指當地人食物中常
放的辣椒粉.

菜市場常見的
草編的墊子.
我看當地人煮
東西時都用
它來搧火,我買
了2個.一個
10 Birr.

在 Tella bet（家庭酒吧）喝榖芽酒

裝 tella 的大桶子

復古陶瓶

倒酒時會用濾網除去渣滓

濾網

酒

杯子

家庭酒吧在一般民宅，門口通常立一根杆子，在杆頂倒扣一只杯子。

常在市場看見有人在賣晒乾的發芽榖子，這榖子是用來釀酒的。阿姆哈拉語將榖芽酒稱為 tella，提格雷語則稱為 suwa，先將雜糧泡水，使之發芽，再放在太陽下晒乾、碾成粉，加水煮，冷卻，就可做出酒，因為雜糧發芽時，會產生酵素，可使澱粉分解成糖，再變成酒。這種榖芽酒酒精成份不高，很像在喝發酵飲料，當地人很喜歡到開設在一般民宅中的家庭酒吧中一邊喝榖芽酒一邊閒聊，一杯（500cc）只要 5 Birr，連小朋友都可以喝，我和當地人一邊閒聊一邊喝，最後他們堅持不讓我付錢，非請客不可。（筆一直漏水，好煩！）

今天的重要行程是要發揮那張門票的剩餘價值,
把可以參觀的景點都看完,那些景點有些在離市中心
較遠的地方,不斷地有嘟嘟車司機要叫我包車,但我
都婉拒了, 靠著自己的雙腳,由北到南看了幾處遺
跡。

不斷地有人上前來推銷阿克蘇姆古
錢幣,都是用衛生紙包好放在火
柴盒裡,據說當地很多農夫在田野
中挖到古錢幣,但衣索比亞政府沒有買
這些錢幣的預算,只好任憑它們流入市面,但觀光客若買了
它們,在機場被人用X光機檢查出來,可能會觸法!我告
訴那些推銷錢幣的人說這是違法的,在機場被查到會
受罰,他們居然說他們可以開收據給我(昏倒....)

Give me money !

give me money !

當地小孩只要發現我這個faranji
出現,就會緊跟上來,要pen、要
money,特別是在遺跡附近,會有
一大群小孩黏上來,有時甚至是成
年人或老人,每次我發現別人向我打招呼之後,目的是
要錢、要筆、要食物,心裡都會難過,到底是什麼原因
讓他們這麼做?施捨是否造成依賴?依賴是否成
習慣?後來,為了拯救自己脫困,只要有人向我乞討,我
也如法炮製,把掌心伸向他:『給我錢好嗎?』

76

阿克蘇姆 周邊遺跡

黃濁的池水

Queen of sheba's Bath
禾巴女王浴谷池

在石碑公園北方,一個像水庫的大池塘,有17m深,1960年代以混凝土砌起邊牆。傳說是禾巴女王的浴池(不知她要這麼大的浴池做什麼?)當地人在此游泳。

石碑放在路旁一間不起眼的小屋裡面,有人看守

Ezana's Inscription
伊沙那二世的碑文

伊沙那二世(303~356A.D)在位期間不斷擴張阿克蘇姆王國的版圖.這塊碑文記錄其豐功偉業,以三種文字寫成:Ge'ez吉茲文(古衣索比亞文字).Sabaean沙巴文(葉門沙巴王朝的文字),以及希臘文。

居然是很違和的鐵皮棚子

地下墓穴內有石棺

Tombs of King Kaleb & Gebre Meskel
卡雷伯國王與其子梅斯高的墓

阿克蘇姆國王卡雷伯(514~542 A.D)在位期間文治武功到達巔峰,他曾為了捍衛基督徒征戰阿拉伯半島,後來放棄王位.住進修道院潛心修行,被封為聖徒。

舊的聖瑪莉堂

St. Mary of Zion churches
西翁聖瑪莉孝攵堂區

舊的聖瑪莉教堂建於西元四世紀(女性不可進入).16世紀毀於穆斯林之手後又重建,據說是非洲最早的教堂.新的聖瑪莉教堂則是1965年建造,新舊聖瑪莉教堂之間有座用鐵柵欄圍住的聖物禮拜堂.傳說約櫃就放在此。

Dungur (Queen of Sheba's Palace) 禾巴女王宮殿

位於Gudite Stelea Field對面年代不可考,原為樓房,但現今僅存矮牆廢墟,有幾十個房間,入口處有石階.石板,殘存的牆壁形成一個個隔間,依稀可辨別列廚房及浴室。

Gudit Stelae Field
佔迪特女王石碑場

這些體積較小,多數未加裝飾的石碑,有尖頭,圓頭造型有些直立,有些則倒臥在耕地之中,任憑風吹日曬雨淋其歷史可追溯至西元二世紀,後曾於此控到墓穴遺跡

The Queen of Sheba 示巴女王

傳說西元前十世紀,在今日衣索比亞東北部、厄立垂亞及葉門西部,有個強大的國家—示巴王國,其疆域範圍難以考據,但示巴王國緊臨通商要道—紅海,商業繁盛,當時統治這個國家的是示巴女王,示巴王國北方是以色列王國,在 King sdoman 所羅門王的統治下,國力昌盛,示巴女王仰慕所羅門王的智慧,

她帶著大批隨從,以駱駝運送大批香料寶石及黃金求見所羅門王,並發生了愛情,後來示巴女王返國,生下所羅門王的後代 Menelik I 孟尼利克一世,孟尼利克長大後回到以色列觀見父王,但回衣索比亞時卻偷偷帶走約櫃(內有上帝賜予摩西的,刻有十誡的石板),聽說約櫃現今存放於阿克蘇姆聖瑪莉教堂旁的聖物禮拜堂,但沒人親眼見過,聽說偷看約櫃的人會燃燒;因為示巴女王與所羅門王的這段淵源,衣索比亞人一直自許為所羅門後代。

Beta Isreal 貝塔以色列人 (一群黑皮膚的以色列人)

孟尼利克長大後到以色列觀見父王,返回衣索比亞之際,所羅門王吩咐一批年輕以色列人護送,這群以色列人後來定居示巴王國並繁衍後代,即 Beta Isreal (即Ethiopian Jews衣索比亞猶太人,亦稱 Falasha)根據以色列的「回歸法」,任何海外猶太人都有權定居以色列並成為合法公民,1974年起衣索比亞發生內戰、飢荒,以色列政府接連發動「摩西行動」「所羅門行動」,把貝塔以色列人載往以色列。然而貝塔以色列人難以融入以色列社會,地位很低。

7月22日 (五) 移動日

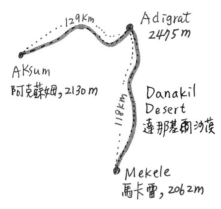

AKsum 阿克蘇姆, 2130 m
129Km
Adigrat 2475 m
118km
Danakil Desert 達那基爾沙漠
Mekele 馬卡雷, 2062m

今天又是移動日. 不過以在衣索比亞移動的距離而言, 這是短程。

Aksum → Mekele, 6hrs, 83 Birr
中途會在 Adigrat 停下來吃早餐.
Aksum → Adigrat 多是山路, 風景秀麗, 不
　　過也比較危險. 有看到車翻車事故.
　　不過至少它是柏油路.
Adigrat → Mekele 多較平直的道路.
(全程搭 local bus)

東非大裂谷的陡峭懸崖

在這裡旅行, 感覺每天都像
開獎, 因為不知道今天的遭遇
是天堂還是地獄?
離開這間地板比我的腳
丫子乾淨的豪華旅館 (到離
開的最後一天　才發現它不
停電是因為有自己的發電系統)

感謝老天, 清晨五點去巴士站等車時, 沒下雨也沒停電,
可以避免旅狽, 對我而言, 這就是莫大的幸福。因為早
到, 才能搶到好位子, 若是等到當地人蜂擁而至, 我
不可能擠得過他們! 這種沒賣預售票的巴士通常都
是超載而險象環生, 但坐在第一排的我, 看到了東非
大裂谷絕壁千仞的獨特景觀, 都忘了"危險"兩字怎麼寫了。

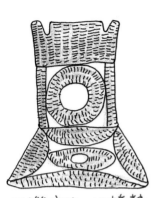

司機座位上的椅墊是草編的，很精緻，在衣索比亞的草編工藝好厲害！

半斤柳丁，12 Birr（每次買水果都被坑錢，這次終於合理些）

市售的餅乾太甜且香料味太重，我買這種條狀的麵包棒在車上吃，沒什麼味道，只有麵香。

你在遠足嗎？

在車上吹著涼風吃柳丁，看巴士閃過路上成群的動物們，有牛、羊、驢子，這裡的小孩很厲害，一個人僅用一根手杖就可以指揮一大群犛牛！前半段路程我都在欣賞東非大裂谷的風景，後半段路程則在臨時抱佛腳，讀 ☺ 旅遊大補帖，研究 Danakil Depression 達那基爾低地行程，鄰座男士請我吃東西閒聊，他和同事是學校老師，搭這班巴士是要到 Mekele 馬卡雷進修學分（真是上進的老師啊！），他們不但請我吃東西，巴士在 Adigrat 暫停休息時，也特別關照我，幫忙找乾淨的廁所，抵達 Mekele 馬卡雷巴士站時，又幫忙拿行李，並提議一起搭迷你巴士去市中心，他們細心注意我搭車是否被多收錢……，多虧了他們，我才能一路在很放鬆的心情下順利抵達馬卡雷市中心，雖然旅遊勝地總是有討厭的掮客，但大抵上我遇到的衣索比亞人多是熱心助人的好人，旅行初期的不安全感也漸漸解除了。

80

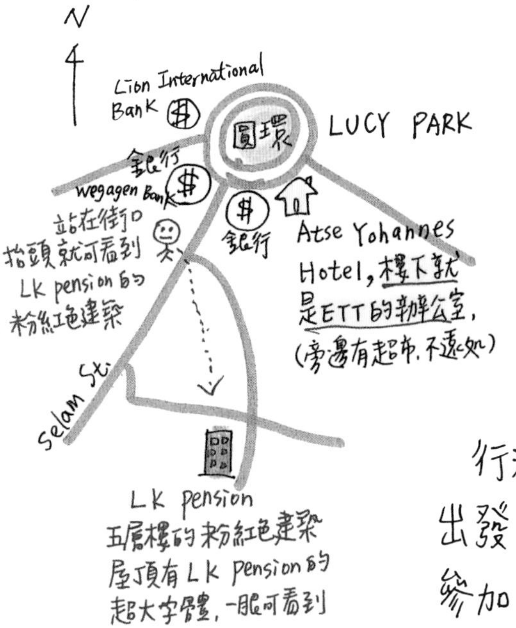
N
Lion International Bank
圓環
LUCY PARK
銀行
Wegagen Bank
站在街口抬頭就可看到LK pension的粉紅色建築
銀行
Atse Yohannes Hotel，樓下就是ETT的辦公室，（旁邊有超市，不遠處）
Selam St.
LK pension
五層樓的粉紅色建築
屋頂有LK pension的超大字體，一眼可看到

憑藉著手機電子地圖，無比強大地，我迅速將自己定位，並找到下榻之處，然後前往ETT辦公室詢問達那基爾低地行程，貢獻出400美金，報名了後天早上出發的行程。

行程是兩天出一團，今天的團已經出發了，得等到週日；其實我很少參加tour，因為不喜歡被人帶來帶去，也不喜歡有人在我旁邊一直講話，好吵！（不准別人講話是當老師的人的通病嗎？），但這個行程涉及不毛之地的無人地帶，不參加tour沒辦法去，我就花錢當大爺吧！

Mekele馬卡雷是大城市，有一所著名的大學，也有很多西式餐廳，我終於吃到久違的炸雞了（飆淚）！

LK Pension
電話：？忘了抄
Single room，250 Birr
有熱水網路（但網路很差、連不上）

乾淨程度是可接受範圍，優點是離圓環近，交通方便，且去ETT辦公室報名或參加行程只要5分鐘，而離它很近的Selam St.有很多餐廳，向西一點的Alula St.還有超市，超市就在Yordanos餐廳旁

圓環 Lucy park
有炸雞和披薩
Alula St.
Selam St.
Yordanos restaurant

啤酒
米飯
綠蔬菜
麵包
兩杯茶
你吃真多！驚！
105 Birr
洋蔥與胡蘿蔔下面是三大片酥脆炸雞！

7月23日（六）馬卡雷在地生活

　　因為週日才有前往 Danakil Depression 達那基爾低地行程，今天必須在 Mekele 馬卡雷消磨一天的時間，馬卡雷是衣索比亞第二大城，但觀光客來此，通常是要參加達那基爾低地行程，這城市就觀光資源而言，沒什麼看頭，不過這樣也好，這城市是為了它自身的生活而存在，而不是活在觀光客的眼光裡，沒必要去迎合觀光客的存在而改變調整它原本的面貌；街上也不會有掮客來攀談，也沒人問我要不要包行程，餐廳及水果店、雜貨店也沒多收我錢……，在這個被旅遊書寫得有點乏味的城市裡，反而覺得自在，毫無目的地任意去探索。

　　早上先去巴士站附近繞繞，找一間可以接受的旅館，做為下週三參加完行程回來的落腳處，雖然現在住的這間 LK Pension 離巴士站也不過十多分鐘路程，但考慮到週四要搭的巴士是清晨五點，不想在天還沒亮時，摸黑背著大背包走在無人的街道，那有可能讓自己暴露於危險之中，乾脆就直接住在巴士站的旁邊吧！

早餐

棄集 32 Birr

enkulal fir fir
（炒蛋加上番茄洋蔥）
搭配麵包一起吃
滿意！

衣索比亞人口成長快速，根據聯合國資料庫，2010～2015年人口成長率為 2.1%，15歲以下人口約佔總人口的 40%，是屬於增長型的人口金字塔，因為人力資源充沛，所以這裡就算是一間小餐廳，也都雇用好幾個人手，而且分工極細，我到超市

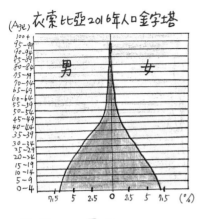

衣索比亞2016年人口金字塔

(Age)
男　女

買東西，還會有店員跟在　旁邊，只要我從架上拿取任何東西，店員就會立刻接手幫忙拿，然後送到櫃台幫忙包裝、結帳長；然而，可以想見這裡的失業率應該很高。因為街上的非正式工作部門相當多，例如：擦鞋、量體重、賣傳統咖啡、或憑藉著一個小爐子就賣起烤玉米或炸甜甜圈等，我拍照拍得很節制，因為沒有勇氣按下快門。

旅遊書上寫的那間 Emperor Yonannes Museum 已經閉館，不得其門而入，我決定向西走，去看看Martyrs' 紀念碑並參觀一下馬卡雷大學。

衣索比亞人很會廢物利用，改造二手物，像這個小驢子身上常見的置物架，其實是從大鐵桶削下一角做成的，貨物放置其中，十分穩當。

83

要吃草嗎??

我住的旅館附近全是
恰特草專賣店

→恰特草　用很大的植物葉子捆成一束
→一把恰特草約 35 Birr

『要吃恰特草嗎?』，我不止一次這樣被問過，☺在巴
赫達爾近郊的田地看過農家栽種恰特草，看起來很
像茶樹，衣索比亞種植的恰特草除了提供本國消
費之外，還銷售到中東各國，看來恰特草相當受歡迎，
吃草蔚為風氣，除了專屬的批發市集之外，還有專
屬的吃草室，大家聚在一起吃草。

恰特草小檔案

chat，或 khat 或 qat，是一種常綠灌木，
其葉子在咀嚼時會產生刺激性及興奮
感，在紅海周邊國家的人有嚼食恰特草的
習慣(從東非至阿拉伯半島)，一起吃恰特草
被視為重要社交活動，吃恰特草會使情
緒高昂.變得多話，並可抑制飢餓.憂鬱，
但吃多了容易上癮，但這裡很多人喜歡吃，
吃得臉頰鼓鼓的。

→一般食用嫩葉部份!

味道很澀
很苦.充滿
了青草　味!

84

半路上見到一對結婚的新人穿著白色傳統禮服,像是國王及皇后一般,坐在純白的馬車上,其他親友也著傳統服飾跟隨其後,一長列的馬車車隊十分引人注目,在車隊最後面還用迷你巴士載了一整車樂隊,不斷奏樂唱歌助興。

你把馬兒畫得好像獅子!

馬兒好華麗➔

Martyrs' 紀念碑園區旁邊就是 Mekele 馬卡雷大學,今天正逢他們舉行畢業典禮,大家都穿著衣索比亞傳統禮服組成親友團來為畢業生獻上祝福,我終於知道為何街上滿坑滿谷全都是傳統禮服店了,因為這是他們出席重要活動、宗教慶典的必備行頭!在這個國家,對一個家庭而言,要栽培出一個大學生相當不容易,這算家族大事吧!

Martyrs' 紀念碑看起來實在很像一個高爾夫球放在球座上,它是紀念1974年後在 Derg 軍組織的專制政權下的犠牲者,紀念碑旁有個博物館,有一大堆老照片及舊物展示,宣揚提格雷人民解放陣線〈TPLF〉在1970及1980年代如何艱苦作戰推翻暴政。

穿黑色學士服的畢業生,大家都好開心☺

穿傳統服飾的衣索比亞數。

85

衣索比亞的美女真的很多，淺咖啡色皮膚，微挺的鼻子，大大的眼睛，五官既立體又勻稱，很像精緻的洋娃娃，且大部份是瘦子，玲瓏有致的身材在飄逸的傳統服飾包裹之下更顯得婀娜多姿。

值得一提的是她們的髮型，通常編成許多細小的髮辮，再用不同的束攏方式做成造型，不知這樣的髮型是如何清潔及保持造型不走樣的？我看過一些老照片，有些沒做造型的女生頭髮有如爆炸頭.

 ～像這樣！

頭髮細細地編成許多小小的辮子.

這條腰帶其實是披肩, 可蓋頭或圍在脖子上, 也可繫在腰上, 利用綁纏, 圍等不同方法追求變化.

為什麼黑色人種的毛髮捲度較大呢？在熱帶日曬強烈的地方，皮膚中的黑色素有吸收紫外線的能力，可預防紫外線傷害皮膚構造；而捲髮會使得每一根毛髮之間充滿空氣，就像戴著一頂多孔隙的帽狀物，可以有隔熱效果，可以防禦炙熱的陽光；記得去中亞時，看到當地賣的大羊毛捲捲帽，原本以為是冬天戴的，但當地人說他們夏天戴挺涼的，想來不無道理。

而且，因為是捲髮，我常看到當地人直接把筆插進頭髮裡就可輕易固定住，不掉下來。

里約奧運馬拉松報導.

我對博物館裡提格雷人民解放陣線（TPLF）的打仗豐功偉業沒有太大興趣，反而是迷戀館中那超舒服的大沙發，　看著電視新聞正在採訪里約奧運中在馬拉松賽跑獲得佳績的衣索比亞選手，呵！他們很會跑步除了跟高原地形使心肺功能特別好之外，應該跟缺乏交通工具，所以訓練了雙腿有關吧！

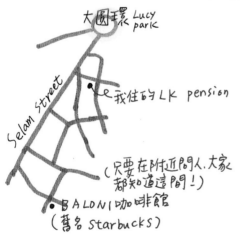

大圓環 Lucy park

Selam street

我住的 LK pension

（只要在附近問人，大家都知道這間！）

BALONI 咖啡館
（舊名 starbucks）

看到 maps.me 的 APP 地圖上居然標註著在馬卡雷大學旁有一間星巴克咖啡，本想去探個究竟（因為不相信會有星巴克！）但天氣太熱，因而作罷，且博物館館員在我的旅遊書地圖上幫忙標註說星巴克其實在我的旅館附近，我半信半疑找了去，才知道它是一間超過二十年的老咖啡館，原名是 starbucks，但因為違反了星巴克商標而被迫改名，這間深受當地人喜愛且氣氛悠閒的咖啡館，我非常喜愛，在那兒和當地人聊了一下午的天。87

沉溺在Baloni咖啡館の老時光

在一個城市,只要能找到一間對味的咖啡館窩著,我這個漂流的旅行者,就好像找到下錨的地方。

I like MY COFFEE like my WOMEN: HOT. STRONG. TEAM.

晚餐又去Yordanos餐廳
(有兩間分店,我去的是
Yordanos Ⅱ,是漆
成藍色的店,舒服)
點了美味漢堡,
配上 soft drink
黑麥汁,共 61 Birr

malta 黑麥汁

漢堡

薯條

咖啡館門外有大學生在討論功課

7月24日 (日) 爾塔阿雷火山

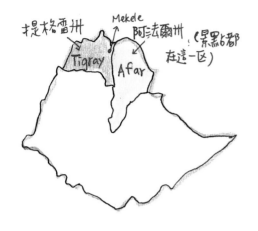

提格雷州
Mekele
阿法爾州 (景點6都在這一區)
Tigray
Afar

從今天開始，我就真的是從事 Faranji 式的旅遊，坐在有空調的四輪傳動車上，有人煮飯給我吃，從頭到尾只要當腦殘觀光客，上車睡覺 (我真的都在睡覺)。

下車尿尿即可，我想，這可能是 ☺ 旅途中最輕鬆且不用大腦的時刻，想到此，就覺得偶爾當個 faranji 好像也是可以的。

What's ETT ?

就是一間旅行社：Ethio Travel And Tours
web：www.ethiotravelandtours.com
Mob：+ 251923228181

這間赫赫有名的旅行社包辦了 Danakil 達那基爾低地行程，主要是探訪位於 Afar 區的 Danakil 低地裡的 Erta ale 爾塔阿雷火山，及 Dallol 達洛硫磺泉，及鹽山等。ETT 的生意做很大，每個衣國觀光景點似乎都有他們的人，不斷地有人會來問觀光客要參加 ETT 行程嗎？因為 Mekele 是低地行程的起點，所以可以和他們談價格，他們會用不同交通工具把你送到 Mekele，但我是自己搭車來 Mekele 接洽。

89

行程簡介

天數：四天三夜（但有一種行程是三天可看完全部景點，不過可能會很累，因其中一天夜裡 3:30 就得起床趕景點，而四天三夜因有充份時間休息，不會累）

費用：表定價格 600 美金（但我付 400 美金，我沒問其他人付多少？）（所有的交通、食物及喝也喝不完的礦泉水，全部由他們提供，這四天內完全不需要再掏錢出來，除非你用餐時要喝可樂或啤酒，那就得另外掏錢買）

自己要帶的東西：頭燈或手電筒（非常需要，電池要多帶），小包包（攀登火山時要輕裝上路）好的登山健走鞋（登火山用）、備用藥品（有很多人被岩石割傷、拉肚子、被跳蚤咬、感冒）、防晒油、太陽眼鏡、衛生紙（非常重要，戶外上廁所必備）、涼鞋或拖鞋（會走下鹽湖，腳會弄濕）、薄外套（火山野營會冷）

行程表：（全程用 MAP.ME APP 定位及記錄，聰明的 Peiyu！）☺

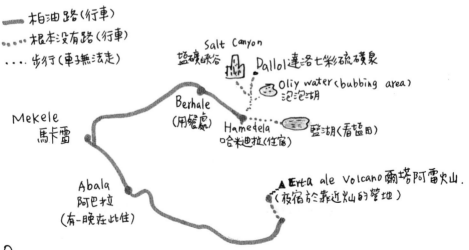

── 柏油路（行車）
‥‥‥‥ 根本沒有路（行車）
‥‥‥ 步行（車子無法走）

Salt Canyon
鹽礦峽谷　　Dallol 達洛七彩硫磺泉
　　　　　　　　　Oliy water（bubbing area）泡泡湖

Berhale
（用餐處）
　　Hamedela　　　藍湖（看鹽田）
　　哈米迪拉（住宿）

Mekele
馬卡雷

Abala
阿巴拉
（有一晚在此住）

▲ Erta ale Volcano 爾塔阿雷火山
（夜宿於靠近火山的營地）

90

第一天	開車到 Erta Ale 爾塔阿雷火山的基地 Dodom，之後健行 3 小時上山，抵達火山的岩漿湖，然後回離岩漿湖約 10 分鐘的營地吃晚餐、睡覺	疲勞指數 ☹☹☹ 食物滿意度 ♥♥♥
第二天	清晨 4:30 起床，再去看一次岩漿湖，然後健行 3 小時回 Dodom 基地吃早餐，開車到 Abala 的 guest house，可在小村閒逛，然後吃廚師準備的豐盛晚餐。和團友聊天。	疲勞指數 零 食物滿意度 ♥♥♥
第三天	開車經 Berhale，抵達 Hamedela 哈米迪拉，此地為夜宿地點，可看到駱駝隊商載鹽經過，去 Salt Lake 鹽湖看夕陽。	疲勞指數 零 食物滿意度 ♥♥♥
第四天	原本是應開車到 Ragad (Ase bo) 看當地人挖鹽礦、切鹽磚，但因這季節實在太熱，他們已經停止工作（好可惜），之後參觀 Dallol 達洛七彩硫磺泉。看 Salt Canyon 鹽礦峽谷、及會冒泡泡的有毒湖泊，回 Berhale 吃午餐，然後回 Mekele 馬卡雷	疲勞指數 零 食物滿意度 ♥♥♥

ETT 是每兩天出一團，但前後團參觀的景點順序會相反過來。

例如： 7/22 (五) 的團先看 Dallol 硫磺泉，後爬火山 ⎫

7/24 (日) 的團先爬火山，後看 Dallol 硫磺泉 ⎬ 就是12、34天前後對調的意思！

7/26 (二) 的團先看 Dallol 硫磺泉，後爬火山 ⎭

如此一來，7/22 的團會和 7/24 的團相遇一起爬火山

7/24 的團會和 7/26 的團相遇一起看 Dallol 硫磺泉

另外，亦有一種三天全部打死的團。不過那要另外要求，可安排某天凌晨 3:30 就起來趕行程。(不知會不會累？司機很累吧？)，可洽談。

鐵鍬

內有各種生活基本物資，連床墊也有！

汽油也要帶

後車廂有滿坑滿谷的礦泉水

車窗上會貼 ETT的貼紙

ETT
Ethio Travel
And
Tours
reb: www.ethiotravelandtours.com
Mob: +251923228181

交通工具是TOYOTA四輪傳動車，一定要有空調，不然會死掉。和我同車的是三個可愛的女生，（以色列人）她們在入伍前擔任一年志工而相識，

聰明的 Peiyu

Maayan

Mirit Noa

司機 Wendi 技術高超 →格子襯衫

所以當完兩年兵後就相約出來自助旅行（哈，好多以色列背包客都是當完兵，覺得腦袋空空，出來自助旅行！），司機 Wendi 開玩笑說她們三人是軍人，這四天行程難不倒她們的，希望她們保護我們的安全，Maayan、Mirit、Noa 坐在後座，我則一人享受前座的寬敞空間，但從 Mekele 馬卡雷出發時，下著傾盆大雨，擋風玻璃全是霧氣、視線不清，所以我一直擔任擦玻璃小幫手，Wendi 說下雨是好事，至少可以降點溫度，車行經東非大裂谷的壯麗景觀，兩側可見大雨所形成的泥漿色臨時河，有時見到落石。

風力發電 外國來投資的（進入低地之後看到！）

地球上最美麗的傷痕 ～ 東非大裂谷

The Great Rift Vally，東非大裂谷，又稱東非大地塹
是地球上最大的斷裂帶，裂谷的寬度一般為50
～60公里，深度為1000～2000呎，使得裂谷兩側
斷壁林立，景色壯美。

成因 斷層作用

地塹

如果造成斷層的壓力，是由中心向兩側擴張，可能導致中央
部份的岩層，因斷裂而相對向下陷落，形成地塹。

分布

地塹　湖泊　火山

阿拉伯半島　紅海　衣索比亞高原　馬索利亞高原　吉力馬札羅山　坦尚伊崎高原　莫三比亞高原　印度洋

東非大裂谷北起死
海，約旦河谷地，南
經紅海，由東北向
西南縱貫衣索比亞
高原中部，之後分成
東西兩支向南延伸。
裂谷斷層深處積
水形成眾多湖泊，
湖盆邊有火山群，以
吉力馬札羅山最高
(5895m)，除死火山外，
也存在多處活火山。

熔岩高原　斷層崖　湖泊　火山　熔岩高原

地表裂縫
形成斷層，斷層之
間的地塊陷落形成裂谷

裂谷邊緣有斷層崖，兩側
堆有熔岩高原，像衣索比亞
高原就是2000－3000呎的
熔岩高原，有「非洲屋脊」之
稱，東非的高原河川呈放射狀
水系，分別注入地中海及印度洋，
其中以藍尼羅河最為重要。

車行至某處，Wendi 說導遊要去做一些安全檢查措施，接下來會有軍人持槍陪同保護我們，因為衣索比亞北部和厄立垂亞交界地帶其實有安全隱憂，幾年前曾發生觀光客被殺害及綁架事件，所以必須有軍人陪同，不准自行前往。

關係不好的鄰居：厄立垂亞 Eritrea

地理教室

小檔案 好貼心的說明

是一個獨立不久的年輕國家。國名源自希臘語，意為『紅色的』或『紅海』

問題很多的非洲之角

厄立垂亞原是義大利的殖民地，1941年後義大利戰敗，厄立垂亞成為英國託管地，信奉伊斯蘭教的穆斯林主張獨立但衣索比亞想重獲一個通往海洋的出海口而多加干涉，1950年聯合國決議，讓厄立垂亞成為衣索比亞聯邦中的自治邦，但1962年海爾塞拉西皇帝剝奪其自治權，兼併厄立垂亞成為衣索比亞的一個省，此後，厄立垂亞解放陣線成立，展開對抗衣索比亞的武裝鬥爭，1993年在聯合國監督下舉行公投，宣告獨立。但兩國之間的嫌隙依然存在，1998-2000年因領土問題爆發戰爭，2000-2001年，在聯合國調停下，兩國邊界解除武裝，但2006-2009年關係又變得緊張，2008年聯合國軍隊撤出之後，這兩個國家繃緊神經對望，十分敏感，衝突隨時可能發生。

我們已進入 Afar 阿法爾區，這裡的族君羊屬 Afar 阿法爾族，他們的穿著有明顯不同。

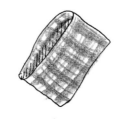

Sherte 其實是一塊兩端縫合，像圓桶狀的布，穿法有多種變化，圍住下半身就變成方便行走的裙狀物（通常在腰部打結或打摺），也可蓋住頭保暖，或當披肩。我還看到有人把它當作頭巾。

穿著一種像裙子的服裝，稱為 "sherte"

裡面有穿短褲

Danakil 達那基爾低地因地勢較低，從海洋來的水汽被低地旁的高原阻擋，形成雨影地帶，乾燥少雨，植物景觀稀少單調，居民的住屋也很少見到，這是難以生存的險惡之地，居民多以採鹽或遊牧維生。

前後 各兩根棍子可以固定住貨物，棍子上也可以掛東西

駱駝的腳掌超大，走得超穩

有些房子用樹枝密密編織而成，真是匠心巧手，這些房子看起來很像伏臥大地的蛹，且高度有限。看起來低矮。

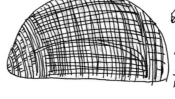

有的會蓋上防水布

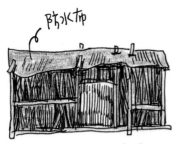

防水布

午餐在這樹枝搭蓋的
方形小屋中吃番茄義大
利麵,還加了高麗菜、
胡蘿蔔瓜類,美味!
(感謝上天,不是英吉拉!)

原本走的是柏油路面,但車行
至某處突然切出路面,改走
一片荒蕪,看不見任何路面的
大地。我們的車自從和其他
團會合之後,就構成一支有八
輛四輪傳動車的英勇冒險
隊伍,眾多車輛在沙漠中
競逐,揚起黃色的沙塵,幾
乎遮蔽了視線,司機們的
技術超絕非凡,好像在拍動作片,因著這樣的刺
激,心情不禁興奮起來,車子顛簸得兇,我不斷被拋上地下
車子停在Dodom基地,司機們把床墊及行軍椅安置妥
當,我們或坐或臥,躲在陰影處養精蓄銳,等大點
太陽下山,就要展開3小時健行攀登火山。(15km遠)

基地的小屋是用石頭
先堆疊成一個圓形
的矮牆,收樹枝當
支柱,架出屋頂,再鋪
上乾草。
(我在床墊上放空,wendi在吃
怡特草,以色列女孩們在打牌)

行軍椅及
床墊在這幾天
中會是我們
的好朋友。

96

六點一到就集合出發，司機們留守基地，每個人都拿到兩大瓶礦泉水，除此之外，其他物品儘量少帶，因為沿途布滿崎嶇的火成岩，是很大的挑戰，且天色愈來愈暗，須靠手電筒照明，我問嚮導為何能在這片荒原之中知道方向，他笑著告訴我，為了帶團，這條路他早已走超過百次。隨著體力的消耗，眾人愈來愈沉默，唯一能鼓舞我們的，是遠方那火山發出的微微紅光。在爾塔阿雷火

好驚人　震撼

Erta Ale 爾塔阿雷火山
小檔案

Erta Ale 在 Afar 阿爾法語的
意思是冒煙的山，海拔 613 m，
直徑 30 km，從 1967 年噴發
至今，它的火山口是世界罕見的
永久性熔岩湖 (lava lake)

山不遠處有一塊營地，我們把物品留在營地，空出雙手，從陡崖攀岩而下，繼續走十多分鐘，就到達火山口。

我看呆了，也沉默了，從地底噴出的岩漿像流星雨一樣閃耀，地底看似有雙手翻攪著這鍋熔岩，使得上面的紋路不斷變化，像發光的墨跡，醞釀一陣之後爆開的火樹銀花，告訴我們，大地之下隱藏著一股脈動。

火山口周圍的地面是鬆浮的火成岩，像餅乾似地一踩就碎，我們小心地不要太靠近火山口，卻仍強烈感受到它的熱力，我甚至懷疑自己手中的相機即將熔化，教了不下數十回的地理教材中的東非大裂谷、火山地形……，不再距離遙遠，因為，我就在這裡！那些旅途中的疲累，在此時此刻，都值得了。

↖床墊

→跪坐姿

我們的床墊和晚餐（美味的蔬菜飯及麥麵包）都是駱駝扛上來的，謝之牠！

有蟲跳上床墊，黑暗中什麼也看不清，我們嚇得尖叫，導遊立刻衝過來看發生了什麼事？

在火山口附近的營地十分簡單，僅僅用石塊堆疊出矮牆，圈出一塊塊ㄇ字形的範圍就代表一個房間，大的可擺下三～四個床墊，沒有棚子、沒有屋頂，就這樣以天為帳篷、大地為床，疲倦的身軀已管不著硬石地面的疙瘩感，我很快地進入深眠狀態，然而沙漠日夜溫差大，半夜被冷醒，摸黑找出外套穿上，再繼續睡，直到清晨四點半被叫醒。

7月25日(一) 愜意的觀光客

清晨四點半起床，在這兒用礦泉水刷牙真是奢侈啊！我們又再下懸崖看一次岩漿湖，向它說再見，不同於初見時的興奮感，大家都好安靜，看著岩漿沸騰、推擠、大爆破、吞噬……，然後，再重來，我們不發一語地將畫面收進腦海。趁著太陽高高升起之前下山，下山較輕鬆，大約只需 2～2.5 小時就可抵達基地，有六位軍人一路隨行當我們的保鑣。

真搶！

水壺

軍人腳上穿的是本地人常穿的塑膠涼鞋，難道國防部沒發軍靴嗎？

麥面包　柳丁　番茄

熱水瓶

熱水瓶

鳳梨(罐頭)

果醬　咖啡

西瓜

糖

炒蛋

湯匙

叉子

蜂蜜　茶包

盤子

杯子

抵達基地不久，廚師已將豐盛的早餐備妥，行軍椅也被拿出來安放在陰涼處，我非常佩服這個旅行社的工作人員，也許經驗豐富也是原因吧！他們在有限的資源底下，發揮高度機動性，且細心體貼地照料許多細節，並將人力與時間做了良好調度，有些東西可以用金錢買到，但用心這件事卻很難，我不會挑剔東西不好吃、床很難睡，因為這裡本來就資源有限，而他們卻很用心。　99

充當廚房、餐廳的小屋

親切的廚師

垃圾袋

黃色水桶 ←

紙箱中鋪稻草放雞蛋

似果蔬菜

爐子

用完早餐，司機上車先把空調打開，我們等工作人員把所有生活物資，包括食物、水、鍋碗瓢盆、還有桌子（可拆卸）等全打包上車，就以迅雷不及掩耳的速度開拔走人。

一字排開的四輪傳動車又像電玩遊戲畫面似地玩起沙漠賽車，不過因為昨天下過雨，有些地面積水，導致一馬當先的前導車陷入爛泥中，眾司機趕緊下車救援，又推又拉，卻十分開心，真是愛玩的民族。之後，若地面看似濕軟，就會有坐在車頂的工作人員跳下車，親自用腳試踩評估狀況，我終於明白為什麼四輪傳動車上會放繩索及鐵鍬，在這種地方，是不可能有『道路救援』這種服務，有些地方連手機訊號都不通，就算通了，你也無法具體描述自己的位置，所以發生問題時，就得自力求濟。與極糟的路況（不，根本沒有所謂的路！）奮戰良久，終於又回到平坦的柏油路面，感謝上天。

午餐在Gegeya shet'這個地方吃。

麵包

罐頭鮪魚罐白煮蛋

洋蔥番茄泥

蔬菜、燉煮成泥

（當地人喜歡將蔬菜燉煮得軟爛）

飛盤

sorry

玩飛盤卻把人家的飛盤丟到樹上去!

馬口鐵空罐頭

所謂淋浴,其實是用空罐頭舀起有一點點溫的水往身上淋。

有人坐在庭院編黑人頭細小髮辮,她用一枝沒水的原子筆把頭髮分束,然後編成細細的辮子。

今天是非常輕鬆的一天,我們下午四點就抵達位於 Abala 的 guest house,Wendi 幫我們把床墊、行軍椅搬進去,叮嚀我們浴室只有兩間,可洗冷水澡,先搶先贏,以免要等很久。 *今天終於睡在有屋頂的地方了.
阿巴拉

淋浴完畢,身體舒爽不少, 帶著隨身聽出門散步,這不是什麼觀光景點,只是一個尋常小村落,ETT 在此用民房當據點,除了讓旅客過夜,很多生活物品也以此做為補給站。

　　小朋友圍著我要錢、要鉛筆、要糖果,我微笑搖頭說沒辦法給,一戶人家正在慶祝家中小男嬰的出生,男主人請我喝家釀的 Tella (Local beer),窄仄的家屋不到十平方米,擠滿了親戚,沒有任何家具,所謂家徒四壁,約莫如此,僅用破舊的毯子鋪在地上當床。 及豆派

晚餐很豐盛美味,有好吃的米飯、羊肉及蔬菜,廚師應該有調整過口味,因為不會過油、過鹹、過辣,米飯被一掃而空,英吉拉卻乏人問津,想想這些 faranji (包括我),應該都受盡英吉拉的折磨吧!哈哈。晚餐完畢,去屋外看香港男生教澳洲女生拍星空,停電而無光害的星空真美,今夜用路易沙達 Jean-Marc Luisada 彈的蕭邦當睡前音樂吧! 101

7月26日 (二) 45°C 豔陽下

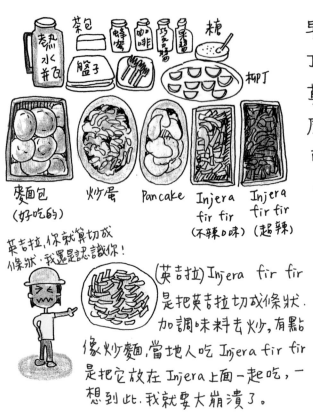

麥面包
(好吃的)　炒蛋　Pancake　Injera fir fir (不辣口味)　Injera fir fir (超辣)

英吉拉,你就算切成條狀.我還是認識你!

(英吉拉) Injera fir fir 是把英吉拉切成條狀.加調味料去炒,有點像炒麵.當地人吃 Injera fir fir 是把它放在 Injera 上面一起吃,一想到此,我就要大崩潰了。

早餐很豐盛,不過出現了 Injera fir fir,乏人問津,真是對不起盡心盡力的廚師。因為要等其他團的旅客到 Abala 來會合,從早上六點到十點五十分這段時間,我喝了茶、咖啡 (guest house 有提供 Cafe ceremony 那種傳統咖啡以及爆米花,喝傳統咖啡要配爆米花)、同團的西班牙人鞋底壞了,找村落的修鞋人用針線縫得十分完美,只要 20 birr,以色列女孩聽了,也拎了自己的壞鞋去上門求救,想想在台灣,鞋子壞了,極可能的下場是被扔了,但在物質匱乏的這裡,所有的東西都被竭盡所能地修繕,一再使用。和同團的香港背包客聊天十分愉快 (可以用中文好開心),他與我分享手機裡的照片及旅遊經驗,我向他詢問可否購買他出版的書籍,他說要免費送我,但我仍付了錢請他回香港後郵寄給我,這是基於對作者及作品的尊重。

快十一點時，我們終於出發了，以色列女孩開心地在後座合唱、把礦泉水瓶當鼓來敲，我很喜歡她們，因為她們開朗有趣又樂於助人，總是主動幫導遊及司機的忙，並且常問我：『你還好嗎？』『需要幫忙嗎？』，我們在車上聊了以色列及巴勒斯坦問題（其實我很少和人聊政治問題，但出國時卻常常被問，以色列背包客應該也常碰到這種情況吧！出了國，你就不是你自己，你個人、而是代表你的國家……），Wendi 說想去哭牆塞紙條，Maayan 馬上自告奮勇說要幫忙，Wendi 拒絕，說 Maayan 可能會偷看他的紙條，我們聽了都哈哈大笑。司機 Wendi 是好奇且好學的人，問了以色列女孩巴勒斯坦問題之外，還聊了經濟問題，Maayan 來自以色列的一個奇布茲 Kibbutz 社區，與我們分享了發展現況。

車上的螢幕顯示車外溫度是 45°C

我想我即將熔化。

以色列的一種集體社區，財產共享，工作共同分擔

Danakil Depression 達那基爾低地小檔案.

地理教室

這塊低地位於東非大裂谷北端，範圍涵蓋衣索比亞整個 Afar 阿法爾地區、厄立垂亞、吉布地；有多處低於海平面 100m 以下，低地大都是荒漠，且多火山、地熱、熔岩、鹽湖、鹽地等景觀。

氣溫°C / 雨量(mm)

平均 30.6°C
年雨量 215mm

HAMEDELA（海拔 -96m）氣溫雨量圖
1 2 3 4 5 6 7 8 9 10 11 12

在 Hamedela 哈米迪拉小鎮卸下裝備，稍做休息之後，
我們驅車前往鹽湖看夕陽。哈米迪拉的居民不多，房子沿
著街道兩側分布，這裡是駱駝隊商運鹽的必經之路，
他們將鹽運到百公里以外的 Mekele 馬卡雷去交易，而我
們很幸運地遇見了迤邐而行的
駱駝隊商。

鹽磚石切成長方形

根據香港男生帶來的溫濕度計，氣溫 45°C，濕度 25%，
我只覺得身體的水份似乎要被擠乾了，在這個荒蕪
的地方，也還好還有鹽這項大地賜與的資源，讓人們
採鹽維生，導遊說這裡的生活用水是政府派載水車從
其他地方運來。我們穿了涼鞋、拖鞋，走入鹽湖中踩水嬉戲，
　　　　　據說我們眼前所見的廣大鹽層結晶地面及

Awash 80牌

一邊看夕陽一邊
喝工作人員帶給大
104 家的國產葡萄酒

鹽湖景觀是因為從前
紅海曾經氾濫所造
成的，由於曾造訪過玻
利維亞 Uyuni 烏優尼鹽湖
的『天空之鏡』，看到這
個鹽湖，我覺得還好，
沒有很興奮。

此地靠近厄立垂亞邊境，
所以有多名單人帶槍保護我們
（我和女單人合照）

其實這幾天我都沒看過叫做"馬桶"的現代產品。

正在鹽湖裡踩水時，突然覺得肚子一陣痛，雖不嚴重，但得找個地方上廁所才行，但放眼望去，這裡一望無際。不但沒半棵樹，連草也沒有，缺乏掩護，真是太糟了，瞥見遠方鹽地上有兩個水泥方塊體，體積雖不大，但遮住我應該沒問題，於是滿腔熱血朝那方向走去，旅行這麼多年，經歷過數目不算少的恐怖廁所，深深覺得，在大自然中解放的經驗，其實不算差。

用木頭及草編而成的床，床墊放在上面就可以睡了。

Wendi 把車停在我們的木床旁，方便我們到車上拿水或其他東西。

儘管 Hamedela 哈米迪拉有用木頭及乾草搭蓋的棚屋，但我們並沒有睡在裡面，棚屋外有用木頭及草編而成的床，我們把床墊放上去，再鋪上床單，再次露宿夜空下，實在太熱了，熱到難以

把礦泉水瓶剪開，變成水杯，就可以從黃色大水桶中接水來洗手洗腳。

成眠，真想抱著大冰塊睡覺，我不斷地喝水，再喝水，半夜雖有降溫，但也有30幾度，我覺得已經熱傻了，無法思考。

105

7月27日(三) 七彩硫石黃泉

早餐吃廚師準備的麵包、法國土司、炒蛋、柳丁、廚師是一個年輕的女生，在這個荒蕪的地方，她卻可以像變魔術般變出豐盛美好的餐點，飯後我用小紅塑膠杯沖紅茶來喝，同圍的風趣西班牙老師和我相視而笑，她舉杯對我說：『不能沒有 Tea Time 啊!』，是啊! 在這個什麼也沒有的地方，握著杯子喝一口茶，就是滿滿的幸福。

司機 Wendi 把礦泉水瓶外面包上一層濕的衛生紙，他說這是一種冷卻裝置，因為衛生紙內的水蒸發時會帶走熱，使水瓶內的水較清涼

為了避免被毒辣的太陽曬昏，我們七點就出發，相機和手機都是燙的，因為流汗，身上的衣服乾了又濕、濕了又乾，衣索比亞人應該會覺得我們這些 faranji 頭殼壞了，花大錢來這裡找罪受。

今天的重要景點是 Dallol 硫磺泉，我們在一處亂石覆蓋的荒漠前下車，步行過崎嶇的地表，進入一個七彩奇幻的世界。

看到一個個圓盤狀的鹽礦石
像石桌、石椅

表面有氣孔及美麗的花紋及花邊

Dallol 硫磺泉有像石灰華階地那樣一層層的地形

106

Dallo 七彩硫磺泉小檔案 地理教室來了!

水在地層中受火山地熱影響,形成蒸汽升至地表,溶解了地表的鹽礦,再沉澱堆積成多樣的地貌,而因地熱中含有硫磺,故噴出的地熱溫泉為酸性,也造就了一片黃色如花朵般璀璨的地貌,至於紅色的部份,則是和氧化鐵有關。

這兒的地熱溫泉噴出的蒸氣具有腐蝕性,我感覺眼睛微微有刺痛感。

之後參觀鹽礦峽谷,這和石灰岩溶蝕地形的形成原理相似,鹽層受長久的風化侵蝕,切割出像峽谷一般壯觀的地貌,溝紋密布而顯得崎嶇不平。

最後來到一個冒泡泡的小湖泊,導遊千交代萬交代,絕不可以喝湖水,湖水有毒,喝了會死掉(我們觀光客真的那麼無腦

嗎?),但導遊自己還和單人一起拿水瓶去裝水,據說這水對皮膚很好,我試著抹些在皮膚上,覺得滑溜溜地,但因已到旅程尾聲,我腦袋自動放空,導遊的解釋我沒聽進去,

107

行程到此告一段落，我們準備回 Mekele 馬卡雷了！

至方今說好的鹽田採鹽景觀呢？一大早有一個行程是到 Ragad (Ase bo)看當地人採鹽，把鹽削切之後成長方形鹽磚，再捆綁於駱駝身上......，但

鹽田咧？
採鹽咧？
駱駝咧？

沒有就是沒有，總不能叫人家生出來給你吧？

因這個季節實在太熱了，採鹽工人暫時休息，所以我們去了，但是沒看到，總不能應觀眾要求，找臨時演員來表演採鹽給你看吧？那還得拉上一大批駱駝！（我相信會有造假這種事，因為斯里蘭卡就有專門表演立竿釣拿小費的假漁夫！），對我而言，沒看到就是沒看到，這就是旅行，這就是人生。

（斯里蘭卡獨特的釣魚方式）

我好想把ETT的廚師打包帶走！
↑
在 Berhale 用完美味的蔬菜飯，我們就踏上了歸途，雖然

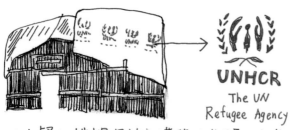

UNHCR
The UN
Refugee Agency

吃午餐的地方是用竹子搭蓋的棚屋（衣索比亞有產很多竹子），上面蓋的防水布有聯合國難民組織的字樣，應是廢物利用。在衣索比亞境內有多處難民營，收容來自索馬利亞及南蘇丹內戰的難民。

不喜歡英吉拉，但我還是向司機 Wendi 請教了英吉拉的做法，才意外知道 Wendi 雖是衣索比亞人，卻不喜歡英吉拉，他說三餐都吃英吉拉，煩死了，且他吃英吉拉會胃不舒服～

和 Wendi 及 以色列女孩們一起旅行真的很開心，他們都是對事物充滿好奇心的人，而衣索比亞人因示巴女王那段歷史傳說，而認為自己是所羅門王的後代，和以色列有著深厚淵源，我們聊著歷史，在午后的滂沱大雨中，回到了 Mekele 馬卡雷（和來的時候一樣，我又忙碌地拿著我的 SNOOPY 小手巾努力擦掉擋風玻璃上的霧氣）。

用我的手帕是吧？

這是來自台灣 TAIWAN
Taiwan's flag
的 Peiyu（佩瑜，聰明的佩瑜）在此留言。

大家好，我參加了四天三夜的團，他們組織準備了一切，導遊和司機都是經驗豐富，食物也準備充份好吃（有廚師隨行，不會一直吃英吉拉喔！）令我毫不處心此行，且看見超級美麗的美景。
火山岩漿 很值得
好驚嘆
To the Driver :
Wendi :
Thank you
very much.
By Peiyu 佩玉莉
(From Taiwan)
快來參加

從明信片裁剪的台北 101 大樓圖片。（這是我在 ETT 辦公室牆壁的留言）

告別了 Wendi 和以色列女孩，我又回復到一個人旅行的狀態，因為明早要搭清晨五點的巴士前往 Woldia，再轉車前往 Lalibela，所以我決定搬到巴士站對面去住。

N

大圓環 Lucy Park

Merkeb Hotel
Atse Kaleb Hotel
巴士站 Bus Station

Merkeb Hotel
住一晚 160 Birr
有熱水，wifi
很乾淨，且有安全感

這間 Merkeb Hotel 比我上週在 Mekele 住的 LK Pension 便宜，且設備並沒有比較差，房間較寬敞又有對外窗，且隔天只要走到對面巴士站就可以搭車了，司機 Wendi 是來自阿迪斯阿貝巴，他住在不遠的 Aste Kaleb Hotel，我去櫃台留了明信片（台北 101）給他，表示感謝。

109

7月28日 (四) 巴士奮鬥之旅

○ Mekele 馬卡雷
2062 m

Mekele → Woldia
91 Birr, 6 hrs
(柏油路) local bus

Woldia → Goshena
50 Birr, 2.5 hr

Lalibela
拉利貝拉
2630 m
路況差 ↑

256 km

61.4 km

108 km

○ Woldia

Gashena
嘎夏納 (海拔2600m)

今天又要展開與長途巴士和迷你巴士搏鬥的日子了，搭乘長途巴士，我絕對搶不過當地人，也因此我摸索出一套生存法則，那就是清晨五點摸黑去巴士站，那時巴士站還沒開門，大家都會被擋在門外，然後我會找巴士站的人員問票價和時間，通常工作人員看我是 faranji，知道我們擠不過當地人，會先放我進去，直接讓我先放行李，坐上巴士 (通常被安排坐在司機旁邊的單人座位)，有時工作人員會索取小費、有時不會 (但通常給10 Birr就可以了)，然後要等上一陣子，等司機來確認好車子狀態，他們才會放其他乘客進來上車，這時候就會上演十分驚險的畫面了，推擠爭奪空間超嚇人。昨晚☹睡得並不好，身體有點燙，卻又因畏寒而發抖，我懷疑自己可能中暑了 (　有按時吃抗瘧藥，應該是不太可能得瘧疾的)，也因此我今天坐車完全不敢吃任何東西，只在停車吃早餐時買了香蕉。

香蕉 1kg
24 Birr

香蕉是你這次旅行的好朋友。

甘蔗切短成捆賣
(未去皮)

110

往 Woldia 路上,車子總被路人招手停車,有些要坐車,有些卻不是,仔細看,他們(或通常是她們)頭上都頂了東西,但賣的東西全都一樣,不是仙人掌果實就是 Kolo(烘烤炒香的穀類種子,當零嘴吃!).

抵達 woldia 之後,他們告訴我沒有巴士到 Lalibela 拉利貝拉(巴士開走了),要嘛就在 woldia 住一晚,要嘛搭迷你巴士去 Gashena 看可不可以換車,我搭了迷你巴士到 Gashena.因為旅遊經驗告訴我,愈接近愈可能有機會搭到車,然而我的運氣未必一直都那麼好,抵達 Gashena 時,已找不到任何前往拉利貝拉的車子了,有輛迷你巴士的司機開價 1500 Birr 要載我去,真是敲詐,我當下決定要在 Gashena 住一晚,當然沒有選擇地,必須接受給本
嘎夏納
地人住的廉價旅館,一晚 100 Birr.

doro wat 與肉類一起燉煮.
雞肉
——白煮蛋
——小塊雞肉
——英吉拉
——優格
紅色辣油

45 Birr

我決定再給英吉拉一次機會,但仍吃不完,且好辣,只好點啤酒來滅火。

聖喬治啤酒
LOGO 是聖喬治
屠龍的畫面

Gashena 的商店和餐廳、咖啡店沿著街道兩側而設，前往 woldia Gonder 貢德爾、Bahir Dar 巴赫德爾的巴士都會經過這裡，所以是一個重要的轉車點。

大家都是用這種小鐵皮屋
↙ 在做生意

晚上會用這塊鐵板把窗口蓋住，然後鎖起來.

10Birr ethio telecom አሥር ብር
→ 10 Birr 手機通話卡正面

2500160617784 25 birr
352 846 5049 2217
-To recharge your mobile: Type *805* hidden numbers# then dial.
-To check your balance: Type *804# then dial.
01.11.2018
→ 25 Birr 手機通話卡背面(有一串數字)

我請你喝咖啡

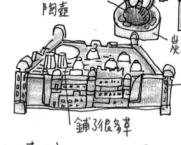
花生米
水
怡特草
糖
炭爐
細瓶頸咖啡陶壺
木炭

周佈刻精美的傳統咖啡
Coffee ceremony 專用小桌

鋪了很多草

人手一支手機
草編小桌上有怡特草 炭爐

上傳統咖啡店喝杯咖啡取暖（這裡海拔2600m.又下雨），美麗的女孩 Belay 和我分享她的臉書照片，並邀我進屋烤火取暖，屋裡正有著『怡特草』聚會，吃怡特草只挑嫩葉吃，並配上糖、水和花生米，年輕人都在玩手機. 人人有手機但未必付得起月付通話費，他們會買金額不等的通話卡，刮去卡片背面的漆，把一串數字輸入手機，可通話上網

112

7月29日(五) 與山路搏鬥

今天乖乖地八點就站在路口等車，九點有巴士，而迷你巴士則不一定，我怕錯過唯一一班公車，所以提早出來等，並且想辦法讓身邊的路人知道我這個 faranji 是要去拉利貝拉，這樣只要車子經過，大家都會拚命幫我攔車。

因為站在街頭非常久，所以有機會仔細觀察大家腳上的鞋子，且發現旁邊咖啡館大媽在烘豆之前會先清洗豆子，

大家都穿這種彩色膠鞋，最常看到螢光綠色，堪稱國民鞋。

黃色水桶切一半裝水

當地很多這種深藍色肥皂，不然就是螢光粉紅色

推估是要洗去附著在上面的灰塵，因為這裡的豆子都是隨便放在路旁地上曬的，也可順便洗去一部份銀皮，不過大媽居然用肥皂洗，這倒令我驚訝。

約九點多，從拉利貝拉開來 Gashena 的巴士現身路口，但巴士要先開回巴士站再開過來，當地人提議帶我去巴士站搭車，比較可能有位子坐，我想也有道理，但沒想到讓當地人帶路是要付費的，一次 10 Birr，且他們聯合巴士小弟坑我車資，車資 50 Birr，行李一件 10 Birr，他們硬要我這 faranji 付 120 Birr，我已經懶得對抗了。

113

一路上雨勢相當大，路況極差，全是爛泥，且離開
Gashena不久，☹　巴士就在山路
上停下來了，司機下車查看，原來前方
的路壞掉了，要等一等，路壞掉了
沒關係，我相信衣索比亞人會修，衣
索比亞人機動性很強，而且什麼
都會修，在等待的時間中，我思考
這段時間碰到的人事物，幫助我

Lalibela
拉利貝拉

Gashena

原本 2.5 hr 車程，
我花了 5.5 hr 才到
50 Birr 的車資，我
花了 120 Birr 才可以
擺平，很無奈。

的人很多，敲詐我的人也很多（而且他們是微笑、理所
當然的敲詐），我因為 faranji 身份而得到歡迎與優待，
也因為 faranji 身份被騷擾及敲詐，所以我沉默了。

　　我不能要求他們對我的，統統只能是好，事實上在
這塊土地上艱苦生活的是這群人，而我的出現，從穿
著到任何使用的物品，都令他們感到巨大的落差吧！
所以被認為理所當然要從口袋多掏一點錢出來，貧窮
會使人失去道德感、失去尊嚴嗎？這個問題沒那麼容易，
因為這是生存問題。
　　司機跑來告訴我，對向來車因不耐久候，有車子要折返
拉利貝拉，可載我一程，但要付車資，且原失這部巴士的
車資☹也得一併付，我不願意，且也考慮安全性，等就
　　等吧！最好別搭來路不明的車。
114

有位 Aksum 阿克蘇姆大學主修水利工程的大學生在車
上,用流利的英文告訴我他可以陪我下車走過去看看狀況,
也許可幫忙抄車號之類的,我們於是冒雨下車,向前走了
一小段路,才發現其實不是路壞掉,是一輛掛兩節車廂
的卡車陷入爛泥中失去重心,前半部逼近懸崖邊,後半部
傾斜堵住車道,連單向通車都不可能。　原本說要折返

← 這邊是懸崖

∧ 這邊是土石

拉利貝拉的那部車
已經開走,大學生又
幫我問其他車,但都
沒結果。我們又走回
事故現場,我發現卡
車旁其實還有一小塊空間,若再挖除部分土石,也許巴士就
可以過得去,我問大學生大家為何不清理土石,他說沒有工
具,而這條路是中國人開闢並負責保養,現場有人打電話
過去,但語言不太通,說也說不清,啥?說中文?我立刻表

想硬撐過去但失敗的
巴士
↓

卡車
↓

奮力推車的群眾(把巴士推回去)

示我會說中文,大家立刻
把手機塞給我,我請
對方要嘛把卡車拖走,
不然就挖出一小塊可行
車的空間,講完電話
就斷了。

115

中国中铁

（橘色繡線）

隔不了多久，有一位中國先生坐著機車出現了，不過好像不是接我電話那位，他趕忙查看現場，他告訴我他是從十幾公里外的一個工作站來的，現在要叫另一個工作站派大型機具過來，但可能要兩個小時才到得了，現場大家抱怨"made in China"的東西總是low quality，非常容易壞，中國先生對我說，根本是衣索比亞的卡車擋住路，怎麼可以抱怨中國的路差？呃……到底是衣索比亞的卡車笨還是中國修的路差？這句我還是不要翻譯好了，然後，反而橫豎都要等，我開始和中國先生閒話家常，聊在這裡修路的生活狀況，但現場的衣索比亞人們不想再傻等兩小時，他們開始徒手挖土石，並嘗試讓巴士通過，但巴士失敗了，差點撞上卡車，人們又合力把巴士推回去，再繼續挖，中國先生阻止他們，怕巴士陷入爛泥，到時候麻煩大了，但衣索比亞人不管，又再試，巴士在驚險萬分的狀況下居然通過了，我看著，心116臟都緊張到要跳出來了。開心地向中國先生說再見，巴士快樂向前行，大家都好開心，也許是因為遭逢波折，所以特別能懂得欣賞雨後的晴空，而雨也真的停了，山被洗得特別綠，中途經過好幾個中國工作站，最後是距離拉利貝拉5公里處的總營區，中國先生說如果英吉拉真的吃不慣，可以到總營區找他，請吃一頓中國菜絕對沒有問題！（不過，他還是問我是藍還是綠？哈哈）

往Ben Abeba Restaurant ←

Commercial Bank $

圓環（圓環周圍揹客出沒，小心）

🏠 Blulal Hotel

Lalibela-Geshena-Road 往巴士站 ↘

🏠 seven olives Hotel

※巴士站到市中心圓環，搭嘟嘟車只要10Birr，切記！

往西北教堂區 ↙

往東南教堂區 ↓

Blulal Hotel（我住的！）
一晚200Birr，乾淨安靜
有貨真價實的熱水.
可接受的速度的wifi
走到教堂區很近，
很多商店和餐廳。
（附設餐廳好貴！faranji Price！）

拉利貝拉的旅館分布在兩大地區：市中心主要道路兩側和西南邊的Tukul Village，我在兩天沒吃飽沒睡飽腦波特弱的狀態下，被埋伏巴士站的揹客帶到市中心圓環旁的巷子看旅館，我不滿意那房間，他們又帶我看隔壁的Blulal Hotel，老闆開價350 Birr，我覺得有點貴，但沒有力氣殺價，於是就背起背包向外走，所有的人都衝出來挽留我，老闆大喊，算你200Birr，千萬不要告訴別人喔！（但我寫下來了）

117

7月30日（六）岩石教堂的感動

昨天抵達旅館
後，本想好好
大睡特睡，卻
被旅館老闆
叫去談話：『
明天是聖喬治
節，很重要的
節日，早上六點
當地人就會開
始去 Bet
Giyorgis（聖喬
治教堂），你現
在要先去買門票，
因為明天早上
六點售票處還
沒開！我叫旅
館的人陪你去買，
快去，他們快下
班了！』
超昂貴的50美金
門票，可用5天！
這麼貴一定要貼.

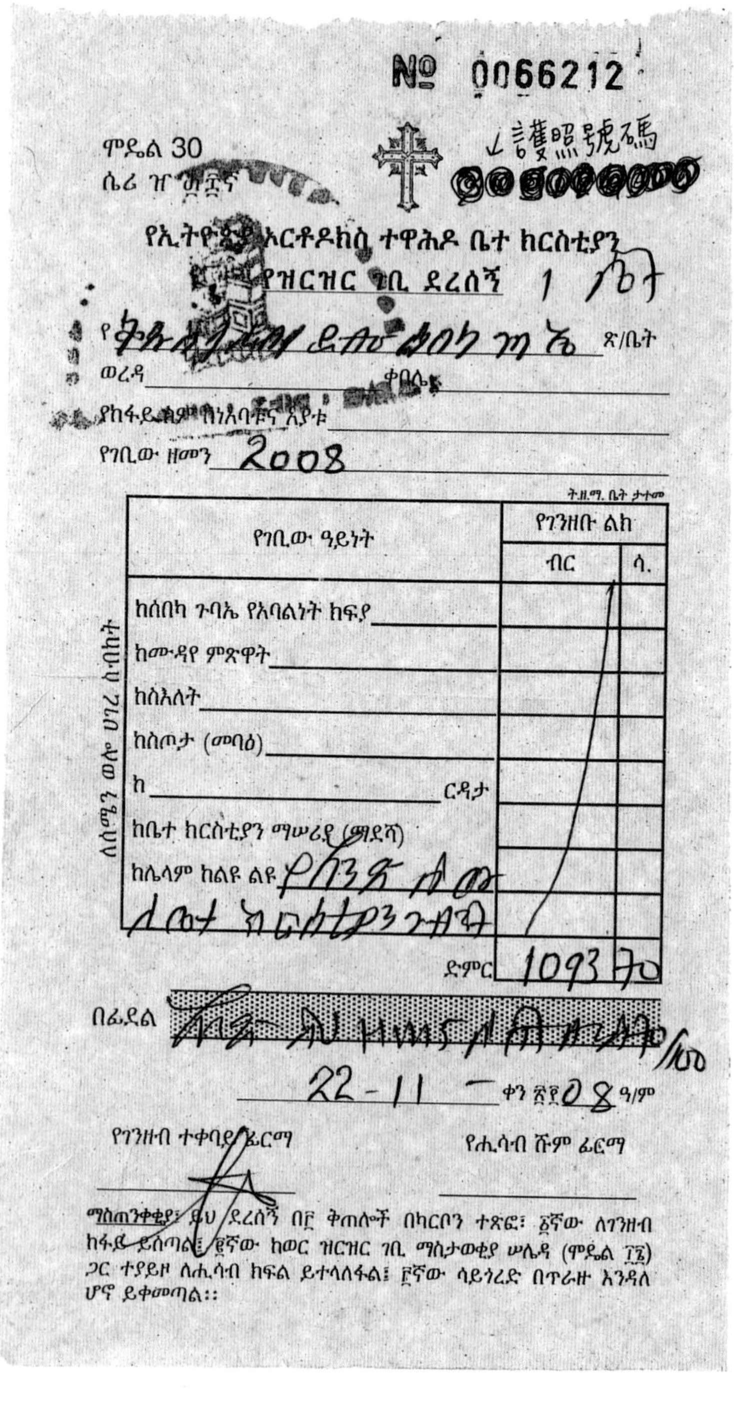

118

清晨六點，在微光中，☺前往遺世獨立於西側山丘上的 Bet Giyorgis（聖喬治教堂），這座以完美十字架呈現的教堂，在明信片中常常看到，堪稱經典之作。途中意外遇見上週參加低地行程的西班牙男女，真開心，天空微微飄著雨，但披著白袍的信徒已出現在教堂四周，他們安靜地站立禱告，或時而跪坐親吻大地，除了朗朗的讚頌聲，再也沒有別的聲音了，我感覺到一股莊嚴肅穆的氣息，震懾於他們表情所透露出的堅定信仰，彷彿有光，是不是在貧窮困頓的絕望中，信仰是讓人繼續生存下去的力量。

女性用 Netela（圍巾）包住頭，而不論男性或女性，都用白色的 gabi（毯子）包住身體。

一體成形用整塊石頭刻成十字形的教堂.

119

Lalibela 拉利貝拉小檔案

用岩石鑿出堅實的信仰

Zagwe 札格維王朝的國王(生於西元1181年)出生時有蜜蜂在他身邊盤旋不去，母親因此將他取名拉利貝拉，意為『蜜蜂宣告王權』，哥哥嫉妒他可以登上王位，於是想毒殺他，拉利貝拉昏迷三天，醒來之後告訴大家，說他在夢裡獲得上帝的神諭，要他在衣索比亞建一座新的耶路撒冷城，並且要用整塊石頭來建教堂，拉利貝拉於是徵召工匠，花了24年的時間，在 Roha(羅哈，拉利貝拉的舊地名)，鑿出了11座宏偉的教堂。教堂的建成十分艱鉅，人們在岩層上從四周向下挖鑿，削出巨大石塊，使其與周圍山體脫離，然後再一點一點地鑿出廊柱、門窗、祭壇……等，教堂之間有地道相連，並精心設計傾斜的地面及排水系統。這座教堂建築群，被冠以『非洲新耶路撒冷』的稱號，流經其間的河流被命名為約旦河。1978年列入UNESCO世界遺產。

120

在教堂建築群中,每一間教堂都有警衛看守,當地人進入不必付費(哈,真想披塊白布假裝是當地人!),但只要有 faranji 出現,警衛就會來查票,有時還會檢查護照。警衛住在教堂旁簡陋的小鐵皮屋中,僅能勉強遮風擋雨,晚上應該滿冷的吧!(這種小鐵皮屋像棺材般大小,街上無家可歸的都住這種)

橘色細長蠟燭紮成一束!

街上有賣這種橘色細長的手工蠟燭,進教堂要用的。

t'ena adam (health of Adam)
他們在咖啡或茶中放入一種叫 "亞當的健康" 的香草植物

光顧路邊那種茶加上麵包只要 3 Birr 的攤子,她們用一淺水臉盆洗所有的杯子,但是所有的價格只要遇到 faranji,就會自動乘兩倍以上,好像不多收一點會被笑一樣,我已經懶得爭辭了。

121

週六市集（生活雜貨．穀物蔬果．牲畜……）

這是截至目前為止，我所逛過最具鄉村氣息、最喜歡的市集

修傘

賣雞

賣紅辛辣椒

賣雞蛋

塑膠袋

油

馬鈴薯

水桶

回收保特瓶

洋蔥

番茄

裝在葫蘆裡的奶油

豆子

麻布袋

一種叫gesho的植物,製作穀芽酒Tella時,可當成啤酒花使用
別名是：
Ethiopian hops

香料

馬盧子

鹽磚

123

7月31日（日）西北群落教堂

聯合國教科文組織
幫忙蓋的屋頂，藉
以保護岩石教堂不因
風吹日曬雨淋而
加速風化

鏤空窗戶形狀有
阿克蘇姆石碑風格

⇒ 這是最大的
Bet Medhane
教堂（救世主之家）

金屬手搖樂器

感人的素樸的吟唱

功用是
敲擊地板
與鼓聲、
吟唱聲、
相互附和，
且可支撐身
軀，唱很久
比較不累。

每個人都拿拐杖

鼓

本日重點：參觀西北群落教堂

（筆又漏水了！）⑳

你不是教徒，來
衣索比亞後，
卻每週日上教堂！

125

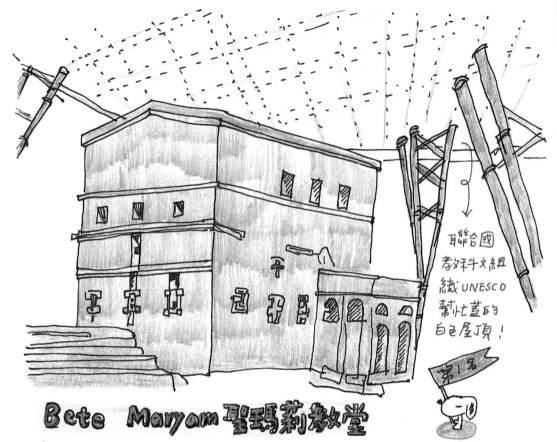

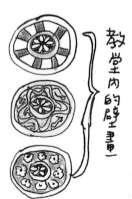

聯合國
教科文組
織 UNESCO
幫忙蓋的
白色屋頂！

第1名

Bete Maryam 聖瑪莉教堂

就教堂內外的雕刻.壁畫.裝飾而言,這是在我心中排
第一名的教堂。

這是外牆的浮雕圖飾！
有卍字符號.十字架。

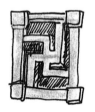

筆又漏水了
好煩喔！

教堂內的壁畫

餐廳視野開闊.景色極佳,且有wifi,我立刻傳了
食物及景色照片給朋友欣賞.頂樓風大,侍者還拿
毛毛毯給我蓋。

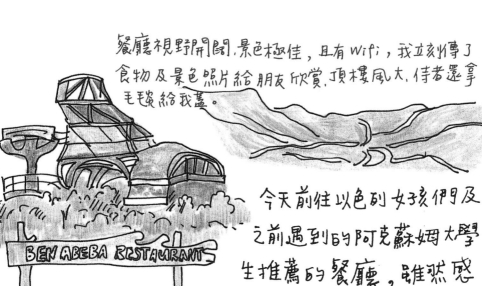

今天前往以色列女孩們及
之前遇到的阿克蘇姆大學
生推薦的餐廳,雖然感
覺一定是高價的 Faranji Price
餐廳.但渴望 Faranji 食物的我.
還是去了!侍者居然問我要點
traditional food 還是 faranji food?
當然是要 faranji food 啊!難道
我來這裡要吃英吉拉!!(翻桌!)
飯後,又追加了咖啡配爆
米花。(好滿意)
回去睡了午覺,傍晚,又前往
另一間觀光味頗濃的餐廳
喝蜂蜜酒,既然要當 faranji,
今天就徹底當一天
吧!

麥面包4土鬼|

麥面包附奶酪
真是多 比拳

口卑酒

150 Birr

牧羊人派.
真讓人感動!

強調有先漫過的
生菜沙拉

ASKALECH/TORPIDO TEJ
Restaurant HOUSE

TAJ

蜂蜜酒有依
酒精濃度分
三種等級。

用駱駝座椅妝點
餐廳

127

8月1日 (一) 疲憊的心靈

本日重點：參觀東南群落教堂

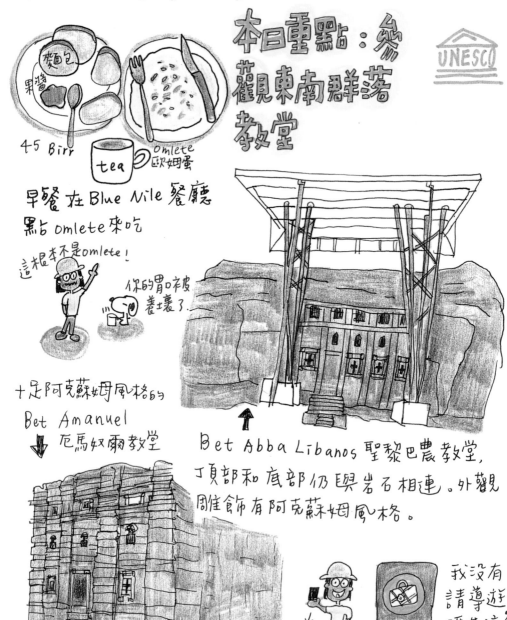

45 Birr
tea
omlete 歐姆蛋
麵包
果醬

UNESCO

早餐在 Blue Nile 餐廳
點 omlete 來吃

這根本不是 omlete！

你的胃口被養壞了。

十足阿克蘇姆風格的
Bet Amanuel
厄馬奴爾教堂

Bet Abba Libanos 聖黎巴農教堂，
頂部和底部仍與岩石相連。外觀
周佳飾有阿克蘇姆風格。

家人給
我的、退役的
智慧型手機
(不介意用二手貨)

MAPS.ME

我沒有
請導遊，
憑著這
個APP
的離線地圖四
處穿梭

參觀 Bet A manual
厄馬奴爾教堂時，
剛好有旅行團來參觀，
教堂裡的執事換上
華麗服裝供遊客拍
照，我不但☺順便拍了
照片，也聽了他們導遊
的詳細解說。

「你真是
順便啊！」

不要拿手電筒照明才能
體會以前的人家過黑暗，看見微光的
感覺。

前往 Bete Merkorios 須經一條
伸手不見五指的隧道，我拿出頭燈照明，
卻被前方導遊制止，他要我「用心感覺」。

Beta Gabriel - Rufael
加百略 - 拉斐爾天使教堂
外觀有拱形壁龕雕刻，外觀高
聳，要過一個橋梁才能到達。

↳ 從前的鐘是用兩塊石頭
相互撞擊。

129

草編工藝教學是在瑪塔
家進行,費用則憑個人
心意隨便給。

乾草。

線圈

瑪塔的作品十分精緻

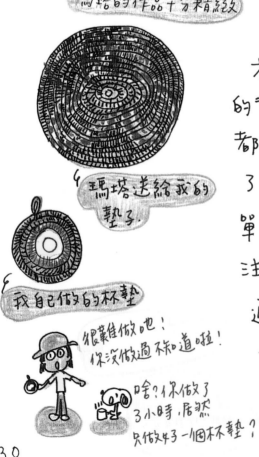

瑪塔送給我的
墊子。

我自己做的杯墊

很難做吧!
你沒做過禾口道啦!

啥?你做了
3小時,居然
只做好一個杯墊?

透過之前參加達那基爾
低地行程時同團的以色
列好孩的介紹,我找到本
地一位叫瑪塔的女人,她
擅長草編工藝,可以教我
做些簡單的工藝品,找
到她的時候,她家還有
另外兩個以色列女孩,我
才知道原來瑪塔在以色列
的背包客圈子裡很紅,大家
都來找她學草編工藝。學
了之後才發現,其實就是簡
單的迴針縫,比較需要
注意的是配色及適時插入
適當的草料,手很巧(真的
!)的我很快就學會了,並
在3小時內完成了一個
杯墊。這不需技術,
但需要耐心。

130

回旅館的路上，在村子裡看人家怎麼做英吉拉？

①桶子裡是 Teff粉加水放置超過一天之後的發酵溶液（是呈水水的狀態，用杯子舀起溶液，均勻地淋在②鐵板上，像做可麗餅那樣），接著把③鍋蓋蓋上，適當時間後，把鍋蓋掀開，剛做好的英吉拉很燙，必須用④草編墊子很有技巧地盛起，然後放在⑤草編籃子中，一般家庭都會一次做一大堆英吉拉，放著慢慢吃。

衣索比亞的牛背上都有一個巨大凸起的瘤狀物

瘤

披薩ii
73 Birr

晚餐在旅館附設的餐廳捧場 tea 又是高出本地2-3倍的 faranji price，點了披薩來吃，做得很糟，只能說是一塊塗滿番茄醬的脆餅。

131

明天要離開拉利貝拉了，老實說，有點快被這地方
給逼瘋了，只要一出旅館的門就不得安寧，每天被幾
十個人搭訕（沒錯！是這個數字！），無論大人或小孩
都要來說上幾句，然後想辦法要從你口袋裡挖出
錢來，且我嚴重懷疑他們是看同一本英文會話課本，
因為他們問的問題及搭訕手法都很一致，起初我
還很努力要保持微笑，但後來發現一旦黏上就甩
也甩不掉，逼不得已只好請對方離開，每天上街像
打游擊戰，好累。

　一開始是問你來自哪裡？覺得拉利貝拉如何？看過
教堂嗎？覺得教堂如何？去過市集嗎？覺得市集如何？
如果是小孩子通常會說想練習英文，對生物有興趣，
女生將來想當老師，男生將來想當醫生，幫忙拉利貝拉
的村民，然後拿出一張單子，希望你在上面簽名，贊助他
學費，不論多少錢都可以；更小的孩子則圍著你要

索取 "pen, money, chocalate, candy ....."，至於大人，接下來會問你要不要教堂導覽？要不要 trekking？要不要看傳統歌舞表演？要不要喝 Tej 蜂蜜酒？連瑪塔送我草編墊子，也一再向我強調，回去以後要在網路上推薦她，但我看到她收了以色列女孩簡單餐點 100 Birr (以物價而言，不可能這麼貴)，收了我咖啡錢 20 Birr (傳統咖啡也不是這個價錢)，⊙我開始質疑，在她眼中，我們只是 faranji 罷了！懷疑別人的真心令人覺得痛苦，這種不舒服的感覺讓我想逃離這裡。

之前帶我來找旅館的拐客 Ababa 一直在旅館裡晃，讓我誤以為他是工作人員，一直說旅館有車可直達阿迪斯阿貝巴，要 50 美元，而在圓環活動的拐客 B 也在旅館及餐廳晃來晃去，假裝是工作人員，也告訴我可向他訂旅館的車直接去阿迪斯阿貝巴，價格是 700 Birr，我思考了一下，想省掉多拉車一天的時間，就向他訂位了，我以為反正是旅館的車，訂金交給誰都一樣，所以交了 500 Birr 給 Ababa，後來，才發現弄錯了，當掮客B來向我要訂金時，我一頭霧水：「我交訂金了啊？交給Ababa了啊！」掮客B發現煮熟的鴨子飛了，立刻變臉瘋狂罵我，我才恍然大悟，原來那根本不是旅館的車，他們都不是旅館的工作人員，他們是掮客，旅館經理聽到我被騙，趕忙出來救援，把掮客B轟走。但我覺得好納悶，難道經理不知道這些掮客在他的旅館出入，做啥勾當嗎？或者其實他們也很需要這些掮客幫他們找住房的客人。

這下子，回阿迪斯阿貝巴的車資不是700 Birr，而是Ababa當初說的50美金，我也只好接受了，而且他很誠懇來說下午5點會約司機來碰面，保證把我從這間旅館門口送到阿迪斯阿貝巴的旅館門口，我想當初他介紹我不錯的旅館，也幫了些小忙，50美金雖然真的太貴了，但也算給他一個賺錢的機會好了。但下午5點司機沒有來，Ababa說因為司機剛好送一個客人去餐廳，不過沒關係，明天早上他和司機會一起出現在旅館門口接我，不會有問題的。

8月2日(二) 受騙

清晨五點，Ababa依約出現，但他表示司機現在人在Woldia，要我搭車到Woldia去坐他的車，我聽了，覺得事有蹊蹺，因為Woldia離此地好幾個小時的車程，怎麼突然跑去那裡？且我付高額車資是為了搭直達車，若要去woldia搭車，那不如自搭公共交通工具就好！Ababa說從拉利貝拉到Woldia的車資他願意付且他會一路陪我坐車過去（我是白癡啊！為什麼需要你陪！），我說這車我不搭了，你還我500 Birr訂金，他垂下臉說錯不在他，並要我給他時間回家拿錢，我上樓等到九點多，他沒出現，我決定下樓請經理打電話給他，要他還錢，我打算如果沒拿到錢就上警察局舉發他，可惡，伊朗的法院我都去過了，難道怕上衣索比亞警察局嗎？

他表示要立刻過來，但我等到11點多卻沒等到，決定先出門再說，結果旅館經理在圓環把他逮個正著，要他立刻還錢，他只好從口袋中掏出僅有的400±塊給我，並答應下午1點再還我剩下的100±塊，看在他有要還錢的份上，我決定不叫警察了！但是等到快2點，他都沒出現，只好放棄，因為我必須在兩點半去買前往Dessie的票。

旅館小弟受傷，我幫他擦藥，他送了木質十字架項鍊祝福我。

135

到了巴士站☹才發現，原來巴士從 Dessie 德西開往拉利貝拉，明天清晨五點才會開回 Dessie 德西，就算我先買了票,也要等到明天清晨才有車搭；我在巴士站又撞見 Ababa，立刻質問他為何下午一點沒來還錢，他居然說不是約好衣索比亞時間一點,也就是歐洲時間晚上七點還錢嗎？放鴿的樣子真令人生氣,我憂慮著晚上該住哪兒？他又似乎很好心地來給建議。巴士站的站長看出我的沮喪,帶我到
不知其居心為何？

巴士站前的旅館投宿,並請老闆關照 ☺,站長在下班前又再來探望,說明天一早會請守衛幫我搬行李過去,我常常覺得上天都會派天使在某個地方等我,旅館後方山坡上有個老婆婆,見我一人在庭院若有所思,招手要我過去參觀見她家,老婆婆的家可謂家徒四壁,她拿了盤子裝了一片

一鍋紅色很辣的豆泥
一大盤英吉拉
土坯做的床,上蓋了毛皮
小水杯
大水木角
土坯充當座椅

英吉拉,淋上一匙辣豆泥. 又倒了一杯水給我,雖然明知是一杯生水,且是一盤英吉拉,但盛情難卻, 只好吃了,吃完後,老婆婆倒水讓我洗手,☺拍拍我,比手畫腳要我早點回去睡覺。

136

8月3日 (三) 怒吼與奇遇

033 336 0716

昨晚住的旅館，一晚150 Birr，巴士站的司機
們也在這裡投宿，而這也是一般衣索比亞人的
居家生活場域樣貌，房間、廚房、浴室、廁所
等圍繞著庭院。

清晨五點，巴士站
早已人聲鼎沸，旅館
守衛幫我把行李搬
到巴士站，殊不知接
下來又是一個波折？
巴士司機和小弟堅持
要我多付 100 Birr 才可以
放行李，我聽了怒火中
燒，把行李搶過來扔

到車上的座位，他們又圍過來說你行李不可以放在這裡，你
要再付 100 Birr......，我氣炸了，直接用英文吵架，憑什麼別人行
李只要付 10 Birr，我就要付 100 Birr，不公平！吵到後來，新仇
加上舊恨全湧上心頭，所有 faranji 的不平等待遇讓我氣
得發抖，開始哭......，一瞬間，全車默然，巴士小弟默默抱
著我的行李去安置，然後把百元鈔票換成零錢找給我......。
說真的，我不是在乎那換算成台幣其實也沒多少的錢，我
是生氣某些惡質的人吃定我們遊客，覺得 faranji 就是
錢多且不會反擊，昨天我把這些話傳給 Lily，她說她
認同，認為旅行其實也是在生活，一些事關正義的事

137

情要爭取，很多地方被觀光客養壞就是觀光客總是怕麻煩……。我決定接下來要當一個據理力爭，不怕殺價的人，殺價不是為了貪小便宜，而是要求合理待遇，拉利貝拉的風景很美麗，石刻教堂很震撼人心，但林林總總坑殺遊客的行為已讓這美麗的小鎮蒙塵，我甚至覺得它已經成為一個彼此心領神會的共犯結構，想到此，我希望望士林夜市賣超貴水果的攤販、阿里山賣假茶葉的商家，請停止你們欺騙觀光客的行為，台灣人的臉都被你們丟光了。

本日行程：

Lalibela
拉利貝拉

Gashena ---108km--- Woldia

120km

Dessie
德西

63.4km

Lalibela → Dessie
Local bus, 100 Birr
9小時

我沉默地望著窗外，坐我隔壁的婦人 Etemat 嘗試與我交談，她是貿易與運輸部門的公務員，坐她後方的是以前農業部門的同事 Telko，他們一再安慰我，並表示歉意，並決定接下來的行程一定要好好照顧我。

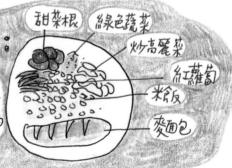

午餐：
- 甜菜根
- 綠色蔬菜
- 炒高麗菜
- 紅蘿蔔
- 米飯
- 麥麵包

他們請休息站餐廳為不吃英吉拉又不吃辣的我，準備了完全不辣的蔬菜總匯配米飯及麥麵包。

晚餐：

英吉拉

義大利麵拌清炒蔬菜

是啊！

你好容易因為食物而滿足.

晚餐則請餐廳為我做一份完全沒有辣醬汁的義大利麵，雖然餐廳最後仍把麵放在英吉拉上端出來，但我一點也不介意，因為這盤麵十分美味，根本就像中華炒麵。

Etemat 與鄰居 TA DELE 及鄰居的女兒 Tirda. 及兒子女友 Fiker 正要前往阿迪斯阿貝巴北方的 Kalite 進行為期15天的齋戒（每天只有在下午5點吃一小碗鷹嘴豆），她們邀我一起同住旅館，然後逛街採買、去醫院探望生病的友人……，明天一早再搭車一起前往阿迪斯阿貝巴。

Etemat 等人的午餐

Etemat 說，如果是在拉利貝拉，她們才不敢這樣明目張膽地在外面喝酒，但因為現在出來外面，不怕人說閒話，所以可以自在地點啤酒來喝.

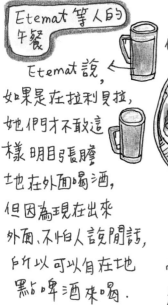

生菜沙拉也倒在↑英吉拉上。

Injera fir fir

可樂

一張 Injera

Injera fir fir 是將切碎的英吉拉炒一炒，然後倒在另一張英吉拉上一起吃。

你這個挑食的阿宅笨蛋！

我才沒有！

（扭手）

我不喜歡英吉拉的原因 除了它酸酸的口感之外，另一個原因是，我不太吃泡得軟爛的東西（煮得太爛的飯我不吃！）。英吉拉和醬汁混合後變得軟爛，我不喜歡.

139

這次出門參加齋戒活動應該是類似台灣有些人會去禪修之類的，對她們而言，是重要的事，Etemat 還請了休假來參加，她們可以趁機和朋友出趟遠門喘口氣，順便血拼，因為相較於小鄉村拉利貝拉而言，Dessie 德西可是個繁華熱鬧的血拼天堂，我也因此有機會近距離觀察那些平日常看到的小鐵皮屋裡

用晾衣架吊著女用內衣褲

圍巾

鏡子

人造花

鞋孃都釘上小釘子才能掛在牆上

天氣冷，燒木炭取暖

當地常見的毛茸茸小圓凳

到底在賣什麼？據我觀察的結果，99.9%的商品是 made in China，中國是世界的工廠，而非洲則是中國龐大製造業的新市場，中國瞄準非洲的眾多人口及悄悄崛起的中產階級的消費力量，但我心裡有很多問號，以 Etemat 當公務員一個月 2000～3000 Birr 的薪水，買一支 made in china 的傘要 120 Birr，一雙拖鞋 150 Birr，不算便宜，可想見衣索比亞以一級產業商品換取中國二級產業商品應存在貿易差距。

140

selam是Peace，平安的意思

和 Etemate去醫院探望生病的友人，這是一間收費昂貴的私人醫院，相較於公營醫院，私人醫院的醫療素質較佳，Etemate的朋友住在頭等病房，然而，環顧四周的環境後，因為和

關於品質

我的認知有些差距，因此覺得，在衣索比亞還是要注意健康，不要隨便生病比較好。☺

藍色帆布和黃色水桶是衣索比亞最常見的街頭風景。

因為日夜溫差實在太大了，你一直感冒！

藍色大帆布

made in China

當地女生常穿花花的寬鬆長洋裝，可挑選布料，請裁縫師量身縫製。這裡的裁縫師都是男的。

和Etemate她們去買大帆布，因為齋戒活動是在戶外場地進行，而此時是雨季，所以需要買一塊大帆布來躲雨及覆蓋生活用品。

141

8月4日(四) 阿迪斯阿貝巴轉車

Tadele, Tirda Fiker

Peiyu, Etemat

﹛Etemat 她們要去參加齋戒時要用的
生活用品, 大包小包地, 我實在佩服她
們的搬家功力!

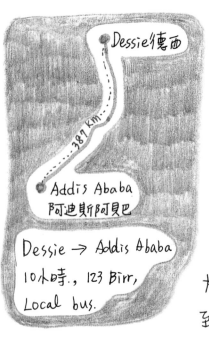

Dessie德西

387 Km

Addis Ababa
阿迪斯阿貝巴

Dessie → Addis Ababa
10小時., 123 Birr,
Local bus.

昨晚我們投宿在巴士站
對面的廉價旅館, 以便
今天清晨五點搭巴士。
從 Dessie 德西到 Addis
阿迪斯 (Addis Ababa 阿迪
斯阿貝巴簡稱 Addis 阿迪斯)
有高級巴士例如: Selam
bus 或 sky bus 可搭, 但
Etemat 說 Selam bus 和 sky bus
太貴了, 問我搭 Local bus 好不
好? 雖然我已被旅途的疲倦
折騰到心中吶喊:『我好想
搭高級巴士!』, 但我還是配合
了大家。其實我很擔心我的
大背包, 因為從 Lalibera 拉利貝拉
到 Dessie 德西, 一路上的傾盆大
雨, local bus 和 mini bus 都是把行李綁在車頂, 雖
然有蓋上帆布 (made in china?), 但仍不敵可怕的雨勢,

142

我的大背包可說是整個泡在水中,雖然已事先有用夾鏈袋將部份物品做了防水措施,但部分衣物仍慘不忍睹,若再泡第二次水,真是大崩潰,所以我才想搭高級巴士,因為高級巴士和台灣的遊覽車一樣,是把行李放下面的空間,而不是放車頂。Etemat 說大巴士站很多扒手及偷行李的人,她要我先上車佔位置。她和 Fiker 去監督我們的行李是否全部安全上了車頂,她們中途 在 kalite 下車,我則要坐到最後一站阿迪斯阿貝巴,她請隨車小弟將我的行李綁在最裡邊的空間,以免被誤拿。Etemat 請坐在前座的兩位住阿迪斯的年輕人關照我,並告訴他們我隔天要搭長途巴士到 Jimma 吉瑪,往吉瑪的巴士得到 Merkato (market之意) bus station 去搭,她請兩位年輕人抵達阿迪斯後帶我到 Merkato bus station (阿迪斯有不同的巴士站),並協助我入住離巴士站最近的旅館,真感謝他們。

十字架 →

捐獻箱

錢

車上除了有小販來兜售零食、飲料、電話儲值卡之外,還有人拿著十字架及捐獻箱上來,若捐點小錢,那人會用十字架輕輕拍打你的身體或讓你親吻十字架(大家在那當下都是虔誠、陶醉、一臉滿足又幸福的表情)。我覺得這應該就是在『買保險』,保佑行車平安。

143

ZEKAW HOTEL
POST ZEKAW HOTEL
WELCOME

zekaw Hotel, 在
Merkato bus station
步行數分鐘範圍,
single room 180 Birr,
附公共衛浴(但可怕)
不乾淨,有跳蚤,樓下是
酒吧,很吵.

網咖的 recipt 收据.衣索比亞的餐
廳.咖啡館也會開收據.若要結帳長.
直接告訴店員.要 recipt 就可以了.

其實前往 Jimma 吉瑪,是有高級巴士
可以搭的,不過我好像已經能適
應搭 local bus 了,且在 local bus 上
觀察當地人在做什麼也挺有趣
的(其實我知道他們同時也在偷
偷觀察我,因為 local bus 上很少
機會出現 faranji !),只是 Merkato
bus station 附近很混亂,
旅館選擇有限,我又再
一次墜入痛苦深淵.

出門預購巴士票,然後去
網咖上網向家人報平安(
因手機漫遊出現問題.無
法傳簡訊),天黑之前回到
旅館.窄仄骯髒的旅館房
間無迴旋空間,我頹坐
椅上,連掀開被單的勇氣
也沒有,拿出日記振筆疾書,
祈禱黑夜快點過去,不久,
跳蚤大舉 進攻 ☹,我迅速
拿出噴霧劑與之對抗.

144 我使用網咖45分鐘.花了9 Birr

8月5日(五) 再度移動

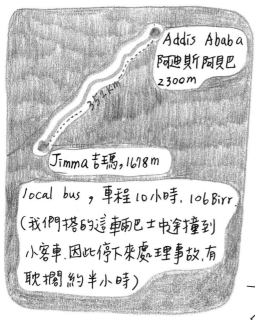

Addis Ababa
阿迪斯阿貝巴
2300m

352km

Jimma 吉瑪,1678m

local bus，車程10小時,106 Birr.
(我們搭的這輛巴士中途撞到
小客車,因此停下來處理事故,有
耽擱約半小時)

清晨五點我就逃離那
間令人坐立難安的旅館,
上了巴士，local bus 是等坐
滿人才開，什麼時候坐滿.
沒人知道,一直到上午七點半,
它才緩緩駛離巴士站。

往西南方的路途中,起初是
一片低緩平原.景色很像台灣
的鄉下,後來進入山區,開始
起霧,路上還出現成群的猴子,大家紛紛把食物扔出
窗外,興奮得像是到動物園遠足的小學生。
路上遇到好幾次臨檢,軍警看到車上有 faranji,都會跑
來哈拉幾句,鄰座乘客對我說:『我知道你是外國人,
但老實說,你真的長得很像衣索比亞人!』(哈哈,是因為
我晒得很黑嗎?』，前座的人轉頭打量我,然後告
訴我:『我們都在猜你是不
是菲律賓人?你從哪裡來?』,
哈哈,我的國際臉連上回遇到的
中國人都說根本沒想到我會說牧。145

路邊有木架.放木瓜販售!

吃午餐時，同車的衣索比亞地理老師 kinfe 請我喝咖啡，並邀請我結束咖啡園之旅後，可去他家拜訪並小住數日。

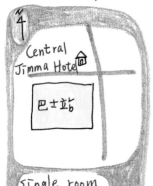

Central Jimma Hotel

巴士站

single room 290 Birr, 熱水. 附衛浴且乾淨. 有陽台, 但面對巴士站街道那面比較吵. wifi 只有櫃台附近及餐廳有, 不過非常慢.

可能是隨車小弟對我這 faranji 的優待吧! 我的行李沒被放在車頂, 而是放在司機座位旁的引擎蓋上, 只不過曲折的山路讓它不斷滑下來, 坐在它前面的那個人就要負責把它推回去, 那個乘客後來轉頭對我說：『你的行李真重, 難以想像你拿得動, 你真是超人！』。

漫長的拉車 10 小時中, 除了看風景, 其他時間我都在盤算著, 在前往咖啡園小鄉村之前, 要在 Jimma 吉瑪這個大城至少待兩天, 因為只有這裡可以找到符合我期待的旅館：有馬桶、水龍頭真的有水 (而且有熱水)、有陽台可晒衣, 因為我迫切需要把我自己及行李箱裡的東西清洗整頓一番, 抵達 Jimma 吉瑪後, 地理老師請當地人推薦旅館給我, 就這樣, 我迅速被帶到大家認為適合 faranji 的高級大飯店, 展開我的清洗大業。在這間旅館, 終於看到久違的書桌, 終於可以不必趴在床上寫日記了。

8月6日(六) 休養生息

沒有非做不可的事，沒有非看不可的景點，心情超級放鬆。
唯一擔心的一件事是今天陰雨。萬一晒在陽台的衣服不乾
就慘了，在車頂淋了三天雨的行李，幾乎沒東西是乾的，好慘！

除了使用旅館附的
衣架之外，還自己拉
繩子，不然空間不夠，
連椅子都搬到陽台，
睡袋套整個攤開在椅子上，
再掛上帽子，史小比則躺在睡
袋套上做日光浴。

值得一提的是這個台
灣文青愛用的日本品牌，
出了一款旅行用衣架，
好友員外買來送我，真
貼心。不過，m覺得我
們出國帶這種東西有
點太浮誇了。

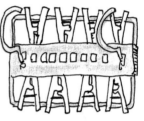

跟衣架放在
同一個袋子裡
的是迷你洗衣板，
但我始終沒用過。

Sorry！
你害我全身
泡在水裡！

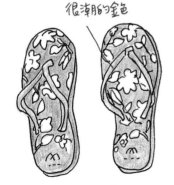

很潮的金色

Jasmine Huatan

以前出門必帶的夾腳拖 "小綠" 已經退役，
這次帶了新買的 "小茉莉" 出門（在彰化
縣花壇鄉茉莉花主題館買的，made
in Taiwan），至於為什麼我要在那裡
買夾腳拖，這我也不知道。

▲給Peter的明信片, 水彩, 手繪

在房間裡寫完明信片, 悠哉地穿連身裙搭配夾腳拖鞋下樓吃飯, 開心, 如果今天衣服可以全乾, 就更加完美了。(我明信畫得真美 ☺)

飯後來杯macchiato (發音是"makado", 義式濃縮咖啡加牛奶)

待者問我要"black"? 還是"white"? 我點了口味厚重的"black"並提醒要"without sugar", 不過我被衣索比亞人同化了, 覺得不加糖怪怪的。

衣索比亞點餐教戰手冊 （跟老闆點這個！）

方法1: 一般餐廳都有vegetable 英吉拉 (就是一堆蔬菜躺在英吉拉上面, 可以請老闆把英吉拉換成麵包, 這種 Vegetable injera 通常有好幾種蔬菜, 且多數的菜色都不辣。

方法2: 一般餐廳都有 vegetable pasta (蔬菜義大利麵, 是細長麵條那種!), 點這個之後, 要強調我的pasta 只要有 pasta, salt. Vegetable 就好了, 不要加任何 spicy 的 sauce。
(我用以上方法已連續兩天吃到可接受食物了!)

當你被英吉拉折磨時, 你會需要教戰手冊的!(過來人的心聲)

148

Jimma museum

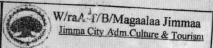
W/raA/T/B/Magaalaa Jimmaa
Jimma City Adm.Culture & Tourism

Tikeeta L/B/alaa God-I ambaa Jimma
ykn M/Mo/Ab/Jifaar ju iin Seenamu

Entrance Ticket of Jimma Museum
or Palace of King Abbajifar for
non-Ethiopians

Entrance /Qar **25.00**
No 7663

Guyyaa/中二 ....

W/ra/A/ /T /B /Magaalaa Jimmaatiin Maxxanfame
Printed by Jimma City FED Office

Jimma Museum 門票

歷史上，Jimma 王國曾統治 Jimma 附近地區，因周圍土地富庶肥沃，且位居多條貿易路線的核心位置，王國一度十分強大，19世紀君主 Abba Jiffar (1852-1933) 在 Jimma 東北方遺留一座宮殿，宮殿內的物品目前移入 Jimma 博物館內收藏，這座博物館很迷你，只有7個小房間，導覽員很迅速把本地遊客打發走，專心用英語為我解說，館內不可拍照，但他會催我偷々拍，再藏好相機（好熱心啊！）

受貿易影響，Jimma 王國的生活用品揉合了印度、埃及、阿拉伯等地的風格，王國的宗教信仰是伊斯蘭教，在宮殿遺址有一間國王御用清真寺。

—鑲嵌鏡子
印度風櫃子

國王的可移動坐式馬桶

放保養品的箱子
↓

國王的洗漱盒

149

衣索比亞北方高地是東正教徒主要分布地區,而信仰
伊斯蘭教的穆斯林主要分布在東部.南部及西部低地,
昨日從首都一路過來,發現戴小白帽的男子、包頭巾的
女子(有些只露出眼睛).及有彎月標誌的清真寺變多了。
之前在拉利貝拉,上街就像在跟掮客打游擊戰,而
Jimma 的觀光味並不濃,逛起街來,自在又舒服。

Café Variety

我在這間好咖啡館
用書本佐咖啡

共19Birr

macchiato

star cake

這一帶藝文氣息濃厚.有書店.博物館.
及學生愛去的 Variety 咖啡館.且街道
整潔舒服,不同於其他街道

Post office 超舒服咖啡館
郵局 → Café Variety
Jimma museum

3 Birr

UC90
HARMONI

當地買東西
附送的塑膠
袋很薄.易破,
衣索比亞人會去
買這種比較
堅固的黃色
塑膠袋來裝東西,人手
一個.堪稱國民袋.我買了
一堆,準備用來包衣物,
預防行李箱再度泡水。

現在常常喝黑麥汁,
只要跟侍者說要
"Malta" 就可以了。

N↑

market
市場區

我住的
Central Jimma Hotel

Bus Station
巴士站

這一區的道路根本是災難,像
一個大工地,隨時可能掉進洞裡

8月7日(日) 與官員閒聊

比起之前在拉利貝拉因為淒風苦雨而冷得發抖，西南方谷地不但高度較低、緯度也較低而溫暖得多，但早晚溫差仍大，清晨出門搭車時，我仍全副武裝加強保暖，以免再度感冒。

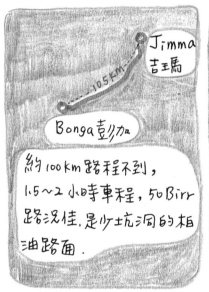

Jimma
吉瑪

105 KM

Bonga彭加

約100 km 路程不到，1.5～2 小時車程，50 Birr 路況佳，是少土坑洞的柏油路面。

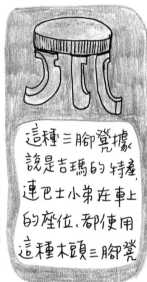

這種三腳凳據說是吉瑪的特產，連巴士小弟在車上的座位，都使用這種木頭三腳凳

住巴士站附近雖吵，但真的很方便，我順利且快速搭上往 Bonga彭加 的迷你巴士，不久開始下起雨來，而司機過了好一陣子才想起應該幫綁在車頂的行李加蓋防水布，好險我已細心為大背包裡的所有衣物全套上至少一層塑膠袋，不然昨晚辛苦吹乾衣服，不就全做了白工？我可不要悲劇重演。

抵達Bonga彭加後，因為旅遊書上並沒有介紹這個地方，我先拿出電子地圖定位找旅館，巴士站附近的旅館看起來有些糟糕，我不想讓自己再被跳蚤攻擊。

151

這一路行來，根據經驗法則，像 Jimma 吉瑪那樣屬於地方一線城市的地方通常低、中、高級旅館兼具，我投宿的 Central Jimma Hotel 就是高級旅館，很多 NGO 人士都住那間旅館，昨晚還住進了許多來自韓國從事志工旅行的高中屁孩。(對於"志工旅行"這件事，我向來存有保守立場，且他們吃好住好，不了解當地，到底能給當地多少幫助？)；而依我判斷，Bonga 彭加略具小鎮規模，應該也有專供政府洽公或 NGO 等發展政策人士投宿的中型旅館，我依循地圖在主要幹道兩側尋找，不到十分鐘就找到了。

KOFILAAND HOTEELO
ከፊላንድ ሆቴል
Coffee Land ®
The right— HOTEL

Single room 220 Birr
附衛浴，有熱水，無 wifi
乾淨，有安全感，但陽台
與其他房間有相連，是較
不好的一點，不過仍是讓
人安心的旅館。

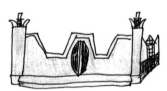

這間 Coffee Land Hotel 的圍牆還用了咖啡豆圖案做裝飾。有一個停車場和庭園餐廳

因為才上午不到九點，房間尚未清理完畢，我先在庭院吃早餐等候，鄰桌是兩位西裝筆挺的政府官員，

他們因某項發展計畫來此地洽公，知道我來自台灣後，告訴我很多年前，衣國的商品很多是從台灣來的，在Addis阿迪斯的Merkato（市場，那個市場是號稱全非洲最大的市集，但裡面沒有任何東西是我想掏錢出來買的！）甚至有一區就被叫做Taiwan，但現在台灣的商品消失了，取而代之的是來自中國的商品，商品等級多，涵蓋各階層需求，且為了做生意，生意人之間甚至發展出一套夾雜中文、英文、阿姆哈拉語等的混血語言來溝通；兩位官員很佩服我獨自旅行的勇氣，我向他們詢問omo valley（奧莫谷地）近來治安如何？有無抗爭或衝突，他們說狀況OK，不過這兩天internet又被政府擋住了，北方的貢德爾又爆發衝突了，我慶幸自己早已離開那裡。

吃完早餐，稍事休息，上街逛達，咖啡博物館沒開，市場也休息（Bonga彭加的市集日是每週二、三大）我在街頭喝啤酒（中午實在太太太太熱了）配點心，看小孩玩遊戲。

Dashen Beer
13 Birr → Dashen是4820m高的第一高山！（非洲第四高山）
衣國

Samusa（就是印度常見的samosa小點心，三角狀油炸物，內包扁豆泥及蔬菜等）

當地小孩喜歡這種自己做的鐵圈玩具，滾得不亦樂乎。

153

8月8日 (一) 咖啡博物館

衣索比亞餐點教戰手冊之二

方法：

一大盤 吃到撐.
超像中式炒飯.
只要 40 Birr.

去餐廳點 rice 加 Vegetable，rice的發音是 "rus"，可提醒少塩，強調不要辣！(不過並非每間餐廳都有供應米飯，要看運氣。)

早上先上郵局寄明信片，四張寄回台灣，另外四張寄到印度，費用每張皆為 9 點多 Birr.

早餐時間，上一家看起來滿高級的餐廳，想點炒蛋來吃，侍者回報說沒有蛋，因為今天是 Fasting day，衣索比亞東正教徒每週三、五為 Fasting day 禁食日.
　許多餐廳只提供素食，有時連牛奶、雞蛋都不提供，
154 但今天明明是星期一啊？原來 9 月 11 日是衣索比亞

的新年，在新年之前，他們也實施齋戒，侍者建議我點 injera firfir (炒英吉拉)，我立刻搖頭，改成 Bread firfir (炒麥面包)。

早餐
這盤炒麥面包均勻地裹著紅色的香料洋蔥醬汁，十分美味，但因為是高級餐廳，早餐花了我 52 Birr.

貴

SOFI 牌黑麥汁

今天最重要的活動是參觀咖啡博物館，老實說看到它門口停了一台挖土機，讓我合理懷疑它是否根本還沒開張？但昨日為我指路的當地人很有信心地說我今天來就可以看了（他還說他朋友在裡面工作，昨天他還打算直接 call 朋友來開門，但被我阻止了）；不過，因為衣索比亞到處都在大興土木，很多明明看起來蓋一半的建築也都在營業使用，我決定碰碰運氣！
然而，警衛將我擋下來，告訴我～博物館還沒蓋好！

因不想打擾到人休假

有一個超大的咖啡豆地標符號．

Bonga International coffee museum

博物館佔地寬廣，氣勢不凡．據說是 1999 年開始蓋 (不知是西元年？還是衣索比亞年？)，目前仍施工中，還需兩年才會完工而對外開放。

155

負責監工的館方人員不忍心看到我這遠道而來的觀光客露出失望的表情，用她手上那一大串鑰匙，將已進駐收藏品的展覽室一一打開，用英文為我解說。

金鐵鍋上有許多小洞

因為喜歡喝咖啡，所以自己烘焙豆子，而我生平第一次烘豆的工具不是手網，也不是爆米花機，而是從朋友那裡拿來的一只衣索比亞小鐵鍋，我在自家的瓦斯爐上聽著「一爆、二爆」的爆裂聲，聞著焙煎咖啡的香氣，這是我和衣索比亞隔萬里之遠的初次邂逅，因為這只小鐵鍋，我認識衣索比亞的咖啡文化，再牽引出其他更深層的宗教、歷史文化，因為這只小鐵鍋，我來到這裡。

King of Kaffa Tato Gaki Sharoch

好笑的爆炸頭！

你對國王不敬！

Kaffa咖法地區過去是由一個古王國 kaffa kindom 統治（until 1897 A.D）這是一張國王的畫像.

"COFFEE"這個字源自於衣索比亞的"Kaffa"這個地名，這裡是咖啡的誕生之地，衣索比亞人飲用咖啡已有超過千年的歷史，而如今，衣索比亞最重要的出口品是農產品，咖啡是最大宗，Kaffa咖法森林被認為是現今世界上存有咖啡品種最多的地方。

THE KINGDOM OF KAFFA
GERA
MASONGO
KAFFA
Bonga
JIMMA
吉瑪王國
BENŠO
咖法王國
ŠAKO
KABA
omo RIVER
Akobo River

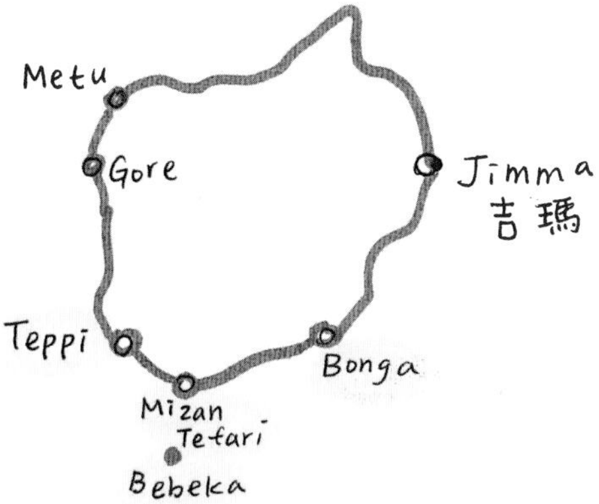
Metu
Gore
Jimma
吉瑪
Teppi
Bonga
Mizan Tefari
Bebeka

對照現在的地圖，所謂的KAFFA地區涵蓋了現在的Bonga、Mizan Tefari、Bebeka和Teppi這一帶，而Bonga彭加被視為進入kaffa地區的門戶。難怪咖啡博物館會蓋在這裡！現在kaffa森林被UNESCO聯合國教科文組織列為生物保留區，Kafa Biosphere Reserve面積達7600 km^2。

COFFEE

咖啡博物館中收藏了一些和咖啡相關的事物，並介紹了這個區域的文化特色（例：服飾、住屋形式、髮型、生活用具等）。不同地區發展出不同的咖啡用具，材質也不同。

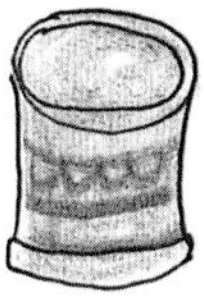
竹製杯子

陶製杯子

木製杯子

葫蘆形杯子

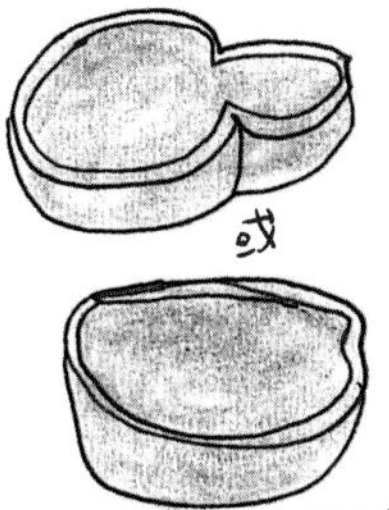
或
大葫蘆剖半成杯子

假香蕉葉紮成的煮咖啡專用座椅（現在常見到木製外覆動物毛皮的座椅）

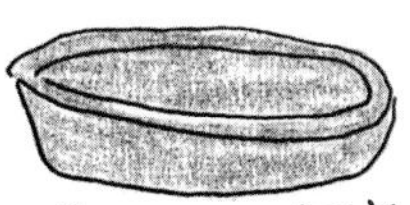
以前用陶製平底鍋烘豆

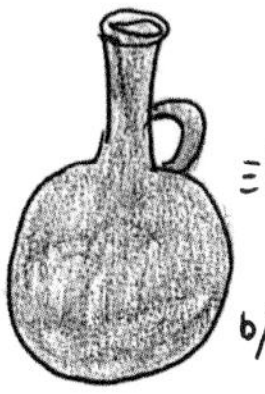
沒有壺嘴的咖啡壺

有壺嘴的咖啡壺

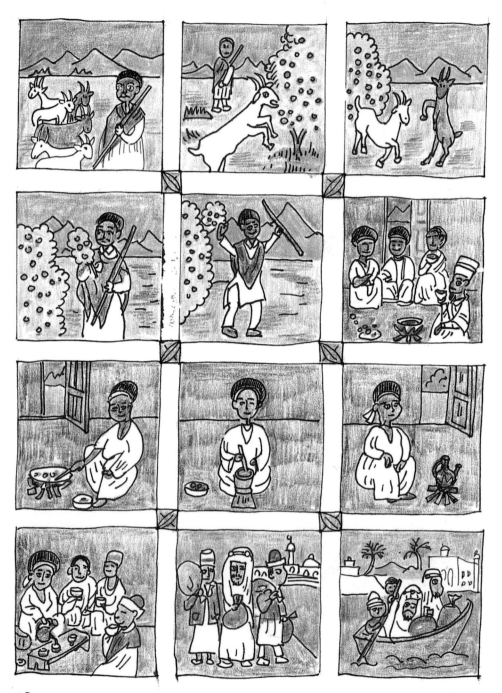

158

是誰發現了咖啡？

很久很久以前，在衣索比亞西南部 kaffa 咖法地區，有個牧羊人 kaldi (卡狄)，發現他的羊兒們在嚼食一種紅色漿果之後，顯得興奮異常，四處奔竄，他也好奇地嚼食，結果頓覺精神百倍，這個消息開始傳播開來，後來有人不小心把這種果實丟進火裡，他們發現烤過的果實有一股濃郁的香氣，有人把它壓碎後加入沸水沖泡來喝，喝了之後倦意全消，僧侶們飲用這種飲料後，再也不怕在冗長祈禱儀式中打瞌睡了；後來，這種飲料傳入葉門，從此後，隔著紅海的阿拉伯世界就迷上了這種飲料，因為它來自 kaffa 咖法地區，經過傳播演變，就成為今日所稱的 coffee (咖啡)，歐洲人飲用咖啡的歷史，可是比衣索比亞、阿拉伯世界晚呢！現在咖啡成為風靡世界的飲料，咖啡的種植也推廣至各洲具生長條件的地區。

159

我！

我！

kaldi

製做穀芽酒的啤酒花 ← 空杯

看完咖啡博物館後，天氣實在太熱了，我決定去路旁小土屋喝 Tella（穀芽酒，通常用高梁釀成），躲躲太陽。

很多看起來像一般民宅的小土屋，其實都各自經營小本生意，然而到底在賣什麼東西？有時看半天也不知道到底葫蘆裡賣什麼藥？門口立的杆子或壓的石頭是通關密語，但我也只搞清楚，放空熱水瓶是賣茶，放陶壺是賣咖啡，若杆子上綁一團塑膠袋或放個空杯，就是賣 tella 的！如果看到客人桌上有這種形狀的玻璃瓶，裝著顏色很漂亮的金黃液體，那就是 Tej（蜂蜜酒了），當地人會直接拿水壺來買 tella 或 tej。

（玻璃）

馬口鐵罐子　杯子

回收的馬口鐵空罐頭在衣索比亞常用來當計量單位、賣扁豆的、賣 tella 的，都用它來裝滿計價。裝滿一個馬口鐵空罐的 tella，大約可以倒滿三次玻璃杯，這樣只要 3 Birr。加上旁人又多倒給我一杯，我總共喝了四杯 tella，儘管 tella 的酒精濃度不高，但四杯下肚後，威力不容小覷，我腦袋昏昏地走回旅館，睡了一個深沉的午覺。

下午,帶著水和柳丁沿著山坡小徑去森林裡散步。
路上遇見猴子和蛇。

森林裡的教
堂,雖是色彩鮮
豔的鐵皮屋,
但和四周的大自
然搭配在一起,
並沒有違和感,草地上並列著的是用樹幹釘成的簡
單長條椅.未經修飾.彎彎曲曲的形體上有著自然
的紋路.是大自然書寫於其上的符號.閉起眼睛.
我可以想見當人們披著白色長巾.靜默虔誠地在此
聽神職人員講道的畫面.那是我在衣索比亞最感動
的一刻.不管你心中的神是誰,那是一種信念,相信
自己只要那樣相信著,未來就會更加美好。

下雨了，我穿過小徑，回到主幹道，下了山坡，走回市場區躲雨。

下雨時會把藍色帆布拉起來

進入南部鄉下之後，常常看到這種卡車，後方有鐵架，除了載貨物之外，也載人，在沒有巴士，迷你巴士或其他交通工具的小村，這是當地人常使用的交通工具。

當地撿柴的婦女和小孩，總是背著是自己身軀好幾倍大的木柴在路上行走

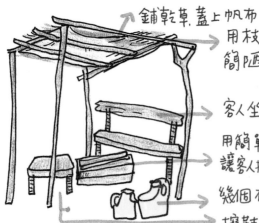

鋪乾草，蓋上帆布

用枝條搭蓋的簡陋棚架。

客人坐的長條椅

用簡單木條釘成，讓客人擱腳的地方

幾個破水桶

擦鞋人坐在矮凳上

在這個小鎮上清真寺與教堂並存，市場旁有座清真寺，傍晚有許多穆斯林前往祈禱。

這裡最常見的街頭行業是擦鞋，在衣索比亞無所不在，可能也因這裡只要一下雨，滿地泥濘，不下雨又漫天飛塵有關，但貧窮的狀況讓我不忍舉起相機，天雨，趁擦鞋人不在棚裡，趕緊記錄下來。

162

筆一直漏水，但我捨不得丟，這裡是非洲啊！物資缺乏！

8月9日(二) 落空的行程

追記一下昨天的晚餐,雖然,現在正值為時15天的fasting day. 一般小店吃不到葷食料理,但對我住的高級旅館而言,並不會有影響,旅館餐廳照樣供應肉類料理,我早已盤算好了要點炸雞來吃,在旅行的路上,尤其是在什麼事都可能隨時發生的衣索比亞,"吃"已成了我一天當中仍保有一絲期待的事。不過廚師派人來傳話說雞肉沒了,換成炸羊肉好不好? 我勉強答應了。

香軟的麵包

用香料及調味料醃漬.
吃起來完全沒有腥羶
味的羊肉.

炸薯塊
十分美味

蔬菜炒飯好好吃

餐廳中瀰漫烘咖啡豆香氣.
飯後再來杯
咖啡.這裡
的傳統咖啡
風味絕佳

喝咖啡時,當地人會問
你要加糖還是加鹽.? 而我
選擇什麼都不加.

(鐵比)

今天是移動日,前往Teppi,旅遊書上寫著那裡有州政府經營的最大 咖啡園 (全衣索比亞第二大),超過6290公頃,想參觀的話.須在首都阿迪斯向 Coffee Plantation Developement Enterprise 提出申請.或直接到此地的咖啡種植園找經理。

Metu

Bedele 貝德勒

Gore

Bonga→Mizan 50Birr
minibus. 2小時(但
司机飆車) 是柏
油路面

Masha

Gecha

Jimma 吉瑪

Mizan 到 Teppi, 25 Birr
local bus. 2.5小時 Teppi 鐵比

51.5km

Bonga 彭加

路況不好,石頭路 Mizan
非常顛簸.

115km

原本我打算搭巴士前往 Teppi 鐵比,但不知為何巴士沒有
出現,當地人建議我先搭迷你巴士到 Mizan,再轉車前
往 Teppi。鄰座是 Mizan-Teppi 大學的老師,他教了我一些簡單
的阿姆哈拉語會話,並聊到衣索比亞的咖啡。哈拉爾
(Harar)
地區是公認品質第一、耶加雪夫 (Yirga chefe) 次之、Kaffa
地區則是第三,我告訴他我打算從 Teppi 北上,經Masha、
Gore、Metu. (逆時針方向) 到 Bedele 拜訪一位朋友,再回到
Jimma. 他告訴我,從 Teppi 到 Metu 這段路風景雖美.
吉瑪
但路況極差,且沒有直達車. 必須一段段換車,對我這
外國人而言.可能很辛苦,建議我若想前往 Bedele,不如
貝德勒
從 Teppi 搭車回 Jimma吉瑪換車,會比較方便;我們又
聊到了外國人在衣索比亞的投資項目,因為車行所經

164

之處，有看到許多外國在此地進行發展計畫的告示牌，大學老師告訴我，不止是中國，事實上有很多國家在衣索比亞 Teshale 投資。例如土耳其投資成衣、法國投資風力……等，外界總是把衣索比亞和貧窮、飢餓畫上等號。雖然現在衣索比亞仍有 30% 的人生活在貧窮線以下，但現在的狀況比過去好很多，且經濟成長率穩健地向上發展……，Teshale 的言論和我一路上遇見的多數衣索比亞人一樣，談起國家的未來經濟發展。他們總是充滿信心，臉上罩著希望的光芒。

土豪，
跟我們做朋友吧！

（有個當地人穿了印中文字的T恤）
（他應該不懂那些字的意思吧！）

抵達 Mizan，大學老師 Teshale 協助我找到前往 Teppi 的巴士，然後道別。這是一輛我所搭過的最破爛的巴士。車上的乘客已坐滿，卻遲遲不開。我聽見金屬工具撞擊的聲音，原來司機和小弟正在最前座引擎蓋旁修車呢！真是不妙，他們和車子奮鬥相當久，嘗試發動，但車子總是有氣無力地發出幾聲呻嘆就戛然停止……，最後宣告放棄，司機要大家換坐另外一部巴士，這樣也好，總比巴士壞在半路上來得好。從 Mizan 到 Teppi 鐵比的路況極糟，無數的坑讓巴士宛若遇到亂流般上下彈跳。原來以前遇到的路其實都不算糟。我真慶幸今天沒下雨。　165

小巴士站, 可搭迷你巴士及大巴士
(另有一個大巴站, 車子更多!)

往Gore

市場

市中心大圓環

N

往Mizan

🏠 Coffee Plantation Guesthouse
一晚 300 Birr. 不太乾淨, 但可接受.
附衛浴, 但沒有熱水 (但天氣熱;
Teppi 海拔僅 1238 m. 下午洗冷水澡反
而變得舒服!). 旅館庭院中央
噴水池附近可以收到 Wifi 訊號

扁豆泥

鷹嘴豆泥

辣味馬鈴薯

高麗菜

捲成毛巾狀的英吉拉

這一餐配上一杯菜及一瓶雪碧,
居然只要 23 Birr.

抵達 Teppi 鐵比 之後, 被糟糕巴士
及路面徹底整垮的我, 臉上
已經擠不出一絲笑容, 在當地
人的幫忙下, 搭嘟嘟車迅速
找到一個庭園
景觀民旅館。
旅館的人十分親
切. 說這裡很
安全, 要我放心.

已經餓壞的我到餐廳點餐.
他們告訴我, 沒有義大利麵,
也沒有麵包, 只有英吉拉, 且因為
是 Fasting day. 所以只提供
素菜, 我只好含淚點了蔬菜總
匯英吉拉, 餐點送上來的時
候, 不好意思在當地人面前露
出不喜歡英吉拉的表情 (畢竟這是人家獨有的. 三餐在吃並引
以為傲的食物), 只好努力完食, 說也奇怪, 可能是因為肚
子餓壞了, 英吉拉的味道似乎沒那麼糟糕了, 配上清
淡的扁豆泥和高麗菜, 居然合拍, 我一口接一口, 把盤
中的食物一掃而空, 這是我第一次吃完一整份英吉拉。

166

旅館裡有個熱心的年輕人說要帶我去參觀咖啡種植園．我們搭乘嘟嘟車抵達園區，兩側全是咖啡樹，樹上結了綠色及紅色的果實，工作人員說沒有許可證不得進入．我們打電話給經理，但對方無法通融，我們只好折返回市區．找間冷飲店喝果汁，年輕人看起來比我還沮喪，他很抱歉讓我花了嘟嘟車錢卻無法進入咖啡種植園，我安慰他說經理的辦公室就在我住的旅館旁邊，也許可以去碰面試試看．我們直接去見了經理，經理滿臉歉意地告訴我們．現在規定改了，沒有從首都阿迪斯發出的許可證，無法進入園區，他很抱歉讓我白跑一趟．走回旅館的路上，年輕人看起來很失落，我安慰他至少可以試的方法都試過了，他也很抱歉那個嘟嘟車司機明明說好

是70元的車資，卻多收了我10 Birr，年輕人告訴我，對於不合理的要求，你可以拒絕不要多付，這是一個有警察執法的地方，不要害怕。

把植物放在小壺中煮，加糖就成了熱飲 chemo

用黑色小陶杯裝 chemo

水煮樹薯

水壺

陶火爐除了煮 chemo 飲料，還順便烤玉米．

這是一個極少觀光客的地方，我上街觀光．整條街都來觀光我這個 faranji，傍晚在大樹下和當地人一起喝 chemo 熱飲，他們把我周遭圍得水洩不通．不斷遞給我食物要我嚐嚐，我的晚餐就在有如神農嚐百草的情況下，吃得很飽． 167

8月10日(三) 返回吉瑪

地理老師 Kinfe 傳了訊息來問我是否安好？昨晚回
了簡訊後，我再也睡不著了，我拿出旅遊書檢視接下來
的旅遊行程(其實根本也沒什麼計畫)。我決定先回 Jimma
吉瑪再說，也許屆時有精神，有體力搭車前往 Bedele 拜訪
                                              貝德勒
Kinfe，我是沒勇氣去撐過從 Teppi 到 Metu 極差的路況，
感覺我需要回到 Jimma 吉瑪的大飯店先躺兩天再說。
清晨五點，我背著大背包，用頭燈照明，根據經驗法則
只要六點前到巴士站，就有較多的交通選擇，摸黑到了巴
士站，從 Teppi 往 Jimma 的巴士不知為何無故取消，就是那
      金鐵比
種前一刻要你坐好，車子馬上要開，但下一刻卻跟你說不開了的
狀況，我當機立斷立刻跳上前往 Bonga 的巴士，只要到了
                                           彭加
Bonga，就有很多迷你巴士前往 Jimma 吉瑪。

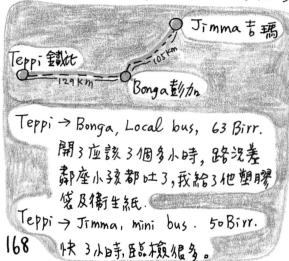

Jimma吉瑪
Teppi 鐵比 ——129km—— Bonga彭加 ——105km——

Teppi → Bonga, Local bus, 63 Birr.
    開了應該3個多小時，路況差
    鄰座小孩都吐了，我給了他塑膠
    袋及衛生紙.
Teppi → Jimma, mini bus. 50 Birr.
168   快3小時，臨檢很多.

我應該累到面色鐵青，
連搭迷你巴士的警察都
關心地問：『你還好嗎?』
(其實我有偷偷觀察，當地
警察半途搭迷你巴士順風
車，都是不必付錢的!)

抵達 Jimma 時，突然想換間飯店住住看，於是到巴士站
吉瑪
另一側的 Wolde Aregaw & Family Hotel 詢問。沒想到一間
220 Birr 的 Single room，針對外國人則收雙倍費用，此乃
faranji price. 我決定放棄。住回原先那間 Central Jimma Hotel.
但突然想起聽說這間飯店有賣烤雞（是真的烤雞，不是炸
雞！）我決定先吃烤雞再閃人。

米飯　麵包

北煮胡蘿蔔
及馬鈴薯　烤雞

St. George 聖喬治
啤酒

faranji Price：本餐共 101 Birr

Central Jimma Hotel 正停水中，但
我昨天在 Teppi 有洗澡並洗了衣服，
今天還可撐一下！放好行李，我先
去 Jimma 博物館找 Nejib 詢問有
機咖啡園（位於今 Coche）的細節，
但原來那不可能免前往，他說有
認識的朋友可帶我去，開價 1300 Birr. 實在不便宜。且也不保證
能看到什麼（因我問了細節，但得到的回答卻很模糊）. 我
決定放棄，到最喜歡的 Café Variety 咖啡館吃蛋糕配咖啡。

共 19 Birr

焦糖餡餅　牛奶咖啡

這裡是非洲，種咖啡是人家的維生方式
之一，不會有那種隨時準備好要讓你
參觀的地方，一般人家會在作物（例
香蕉樹）底下種咖啡．稱 "蔭下種
植"，可使咖啡品質較佳，且增加多元收入來源，所以每戶
人家都會有幾棵咖啡樹，但若想參觀大規模
的栽培園，就得付高價找管道。

169

Jimma 吉瑪的街頭到處都是這種木頭傢俱店,且販售的大多是和 Coffee ceremony 傳統咖啡用的器具有關,我相信衣索比亞人的家裡都少不了一套咖啡儀式用具,因為那是招待客人的必備單品。

反正也沒有非看不可的景點,決定繞去市場的 Tej(蜂蜜酒)專賣店坐坐,裝蜂蜜酒的透明玻璃瓶在桌上一字排開十分壯觀。大叔拿著裝酒的大茶壺來回穿梭。

→ 5 Birr 一瓶!

店裡也賣些小食,旁邊的大嬸點了兩樣請我吃,整間店都在注意我這個 faranji,蜂蜜酒雖然甜甜的,但喝掉半瓶後,可以感受到它的後勁,坐在我斜前方不遠的一位男士不斷用手勢暗示我該付多少錢?要小心相機和財物?如果喝完就及早離開……不要逗留。

水煮豆子拌入酪梨泥　　水煮樹薯

8月11日(四) 吉瑪王國宮殿遺址

↑ 不同於台灣的銀行都是
用電子布告欄顯示今天的日期.
衣索比亞的銀行多是用紙張
列印,然後貼在明顯處,而且
一定有兩種曆法:西元曆法和
②衣索比亞使用的Coptic Calendar
(科普特曆)。

早起,先讀了一點書,再下
樓在大廳上網,社群網路
又是處於被封鎖狀態,臉書
和line都不能使用,我發了
郵件給家人及朋友,然後
上銀行換錢.每次上銀行都
會被請進櫃台喝茶或咖
啡,然後坐在舒服的辦公
椅上等別人幫我填表格,因
為我這個不懂阿姆哈拉語的文盲大字也不識一個,所以
他們都派專人服務,免得我造成大家的困擾。

麵包　煎蛋　洋蔥末
番茄
有點辣的綠色辣椒
早餐：30 Birr

這個城市我唯一還沒看
的景點是 Palace of
Abba Jiffar,雖然宮殿
裡很多的東西及家俱都
已移到 Jimma museum
去展示了,但感覺這裡似乎是個可眺望 Jimma吉瑪
全市風光的好地方,所以我決定去一探究竟。宮殿的
位置在吉瑪西北方7公里處,靠近一個叫做Jiren的小
村子,Jiren就是從前王國的首都。

171

雖然旅遊書上寫著在 Jimma 的市場可搭 mini bus 到這個景點，但我不知心裡在想什麼居然決定要自己走路去，（完全不管它應該是上坡路）且旅遊書及手機的地圖都沒標示位置，我決定先選擇一個大略的方向，半路上再問人……（我應該是腦袋有洞，才會這樣一意孤行!）

W/raA/T/B/Magaalaa Jimmaa
Jimma City Adm. Culture & Tourism

keeta **Kaameeraa** M/Mo/Ab/Jifaar
ittiin Seenamu
Ticket for Camera fee at Palace of
king A/Jifar

Qar/Birr **10.00**

№ 0832

uyyaa/中丂 ....
/ra/A/ /T /B /Magaalaa Jimmaatiin Maxxanfame
Printed by Jimma City FED Office

就在我行走於一條莫名其妙的山路且沒打算問人的時候，一輛車駛近我，並刻意停下，

參觀 Palace of Abba Jiffer 的門票是 25 Birr，拍照要另外加收 10 Birr，這是相機門票。

駕駛問我要去哪兒？（真是熱心的駕駛，還會關心路人要去哪兒？）我回答 Palace of Abba Jiffer，駕駛及車上其他人立刻說這條路是錯的，且要我往回走，然後搭迷你巴士，絕不要用走的！我往回走，有位路人幫忙找了嘟嘟車載我去，但司機開價 300 Birr，說包含等待時間且會載我回市中心，我嫌貴不想搭（奇怪？此時我的腦袋又精明起來了），跳下車說我自己用走的，司機追上來說 100 Birr 就好，千萬別用走的！事實證明他們都是對的，因為那段山路又陡又糟，我應該會累昏在半路上吧！

Abba Jiffer 在位期間是 1852－1933年，而這座在山坡上的建築雖號稱是宮殿，但看起來搖搖欲墜，好像風一吹就會倒，且因為99%的東西都移去 Jimma 博物館了，所以裡頭幾乎空無一物。門票包含了英文導覽，所以逛起來不會覺得有看沒有懂。

這座塔樓向四個方向開窗。國王可以由此眺望他的領土，士兵也可在此觀察安全情勢。

內有王室成員專用的祈禱室，還有壁龕指示麥加方向

建築物有國王住的房間，及四位妻子和眾多子女的房間、法庭、浴室、祈禱室、士兵崗哨、圖書館等，最外面有一間清真寺，供其子民祈禱之用，現在仍然在使用中。

值得一提的是這張 King size 的大床，據說國王有 210 cm 高，140公斤重，所以床很大。

木製衣物箱

173

A BA JIFAR ABA GOMOL
KING OF JIMMA
1877 ~ 1933

博物館及宮殿都有放
國王的照片。這5張照片
中,國王坐在椅子上,腳P上
穿著很潮的涼鞋。

參觀完宮殿,坐嘟嘟車回市中心,我決定光顧一下旅館的餐廳,來個游泳池畔的下午茶,明明全市大停水,但游泳池的水仍是滿的,餐廳旁的會議室有人租下場地進行簡報,工作人員拿著竹竿打芒果,衣著整齊的客人不是享用下午茶就是使用筆電看資料,而我靜靜地看著這一切,難以想像這個有白色桌巾、光潔地板的旅館餐廳,在一牆之隔的另一邊,是滿地泥濘坑洞的窮困現實世界,

貧富差距之大,猶如天與地的落差,不知道他們是怎麼看待我們這群 faranji? 如果是我,也會覺得不公平吧!因為我們來這裡好像無所事事,卻可享受高檔的待遇。

TAG POST

黃色郵筒

174

到郵局去,再寄出一張明信片,自從離開 Aksum 阿克蘇姆後,我再也沒有看過任何販售明信片的地方了,也沒什麼紀念品可買,原本想在郵局買一套和瀑布有關的紀念郵票,不過已經完售了。順道去 Café Variety 買了一盒西點,明日到別人家拜訪,可做為伴手禮。

8月12日(五) 拜訪地理老師

Bedele 貝德勒 ── 138km ── Jimma 吉瑪

minibus 車程 3hr, 50Birr 柏油路. 但中間有一部份路面因雨季而損毀.

1 ─ ፩
2 ፪
3 ፫
4 ፬
5 ፭
6 ፮
7 ፯
8 ፰
9 ፱
10 ፲

↑
阿姆哈拉語的數字表示法, 不過現在很少使用, 大家較常用阿拉伯數字

Bedele 貝德勒這個地名的意思是 clay plate, 上週在從 Addis 阿迪斯到 Jimma 吉瑪的巴士上認識了地理老師 Kinfe, 巴士停靠餐廳休息午餐時, 他請我喝咖啡, 並聊了很多關於世界地理的問題, 抵達 Jimma 吉瑪, 他的太太來接他, 我們一起在巴士站的冷飲店吃了蛋糕和汽水, 他的太太是阿姆哈拉語老師, 暑期在 Jimma 吉瑪大學進修, 兒女都在 Addis 工作或求學, Bedele 貝德勒的家只剩他和太太兩人, 他預計退休後要搬到 Addis 居住 (衣索比亞的老師 60 歲可申請退休), 他們表示 Bedele 的家有空房, 若我有時間, 可以去住, 我一直舉棋不定, 但想想去拜訪似乎也可以, 或許也可順道向西前往 Gambela 或向北到 Nekemte 去玩, 且戰且走。 175

一堆柴

位在戶外的廁所
(古早茅坑)

假香蕉樹

浴室 布簾 洗衣機

廚房

後門

大櫃子 冰箱 沙發

門

門

小臥室

單人床

窗

桌子

大客廳
茶几

沙發

沙發

沙發

門

大臥室

大床

窗戶

窗

前門

種了"亞當的健康"這種可加在茶或咖啡的植物在

大門

176

早餐
18Birr

肉桂丁香茶

(在Bedele貝德勒
巴士站小店吃早餐)

往 Bedele貝德勒的車程僅3
小時,對在衣索比亞旅行一個
多月的我而言,這像一片蛋糕
那麼簡單,比起每次移動要花
費八、九個小時的車程,3小時
幾乎讓人完全無感,大部份的路面都鋪設柏油,沿
途盡是山野風情,還不時看到猴子在路旁嬉戲,沒多
久,天空又下起雨來,司機照樣隔了一陣子才想起要蓋
帆布,好險我早就用塑膠袋把行李箱內的衣物包了至少
兩層,不然綁在車頂的行李又要發生悲劇了。

Kinfe老師全家人都是虔誠的東正教徒,而且是非常非常
虔誠,隨時希望把祝福與希望傳遞給你那種,因
他們全家寒暑假幾乎都待在 Addis 阿迪斯,所以把家
託給朋友的孩子 Daniel 照看,Daniel 也是虔誠的教徒,
且在教會工作,他提議我去教會參觀,就這樣,我踏
入了整天的宗教疲勞轟炸之旅,不過,很奇怪地,
我並沒有覺得排斥或反感,因為他們感覺心存善
意,因為知道某樣東西的好,所以很想和你分享,希
望他們的神也一起來保祐你旅途平安那種。   177

本日活動：英吉拉手作體驗

○ Kinfe老師的岳母（76歲）指導我如何做英吉拉

— 也有手機哩！

大平底鍋架在石頭上

大平底鍋（鐵製）

柴火

大鍋蓋

做好的英吉拉

一大桶已發酵的Teff加水

藤編形板

Kinfe聽說我想買Teff（苔麩）粉回台灣做英吉拉給朋友吃，他覺得我應該先實習一下！

聰明的Peiyu實作結果：

1. 首先，把Teff加了水發酵的米糊狀物淋在鐵製平底鍋，淋得非常不平均，註定要失敗。

2. 蓋上鍋蓋，不懂得掌握火候及時間，又往失敗前進一步。

3. 這個步驟我覺得很難，要把一塊草編平板迅速插入英吉拉和平底鍋之間，順勢盛起英吉拉，我動作慢半拍，把英吉拉扯破了。

4. 最後，我得到的是焦熟不平均且破碎的英吉拉。

哭！自己的英吉拉自己吃（我好恨英吉拉！）

做英吉拉失敗的Peiyu，因為不想再吃第二片自己做的失敗英吉拉，決定停手不做了，坐在廚房的小椅子上，從旁邊的麻布袋中拿了兩顆酪梨出來吃。(非常自動!)

我恨香蕉。這裡的芒果不好吃

香蕉，柳丁，酪梨，是你在衣索比亞的好朋友吧!

沒別的水果了嗎？台灣農夫，拜託你們來教他們種水果。

因為是Kinfe的朋友，在這裡我已經不算是個觀光客，所以，和別人打招呼，就不再只有握手那麼簡單了，必須做完整套：先用右肩碰對方的右肩，再貼臉表示親暱。(先右臉，再左臉，再右臉，共三次)，一整天下來，因為Kinfe在這裡熟人太多，我跟在旁邊，一整天下來，花了不少時間在打招呼這件事情上。

咖啡叫做buna

(指~)

招待客人絕對少不了Coffee ceremony，咖啡儀式，而且標準規格是招待三杯，

第一杯叫Awol

第二杯叫Tona

可選擇要加糖？或加鹽

第三杯叫Bereka (Blessing) 象徵祝福喔!

一整天下來，我被叫到不同人家裡喝咖啡，喝了快二十杯，快咖啡因中毒了!當地人喝咖啡都加很多糖，我不喜歡糖，Kinfe的岳母幫我加鹽，居然無違和感，且好喝! 179

午餐是在某小學老師家吃英吉拉配 shiro（鷹嘴豆泥.混合了香料及辣椒粉等）. 我很怕晚餐又要被請吃英吉拉，所以又繼續從麻布袋拿酪梨出來吃，然後推說肚子不餓. 不吃晚餐了（本日英吉拉扣達已滿）

shiro

Injera 英吉拉

No

（這個牌子的啤酒商標是一隻猴子！）

7.6 cm

New Testament & Psalms Proverbs

11.2 cm

Kinfe 送了我一本迷你的新約聖經，還好是迷你版，不然，對背包客而言，厚重的書是最害怕收到的禮物。（難道行李還不夠重嗎？）

BEDELE

N.A. TG d9
BEDELE BREWERY S.C

N.A
8 9° C7+1
7 A.

BEDELE BEDELE   BEDELE BEDELE

郊外幾公里處有一間啤酒工廠可以參觀，我們坐嘟嘟車去. 然後散步回來。Kinfe 找了另一位朋友 Nuhamin 一起去，他們倆對於我居然可以一直走路都不累，覺得嘖嘖稱奇，我覺得他們倆一搭一唱，一個用阿姆哈拉語傳教，另一個即席翻譯給我聽，完全沒中斷，這才比較厲害吧！而且是一路講回市區喔！我好佩服。

電力設施

180

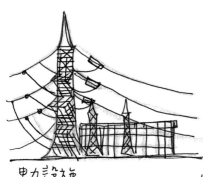
电力設施

在啤酒工廠不遠處有一處電力設施，Knife告訴我那些電力輸送設備都是要把電賣給蘇丹，我當下覺得納悶，因為今天，市區從早上停電到晚上，我們走回市區的路上，連路燈也沒有，還得靠月光指路，既然有多餘的電力賣給蘇丹，那為何人民過著無預警停電的生活？號稱東非水塔、不斷地蓋水庫發電，但人民卻永遠提著黃色水桶

找水、提水，不止一個衣索比亞人向我表示他們的政府忙著貪污，哪有時間管人民是否缺電缺水？

Daniel
Knife
Peiru
你根本睡著了吧！

晚上的餘興節目是看電視，一個很像宗教佈道大會的節目，上帝的神力治療很多人的疾病那種，大家都看得津津有味，十分滿意。（我十分佩服己對不同宗教的包容度，好像信什麼都可以！）（真有耐心）

8月13日(六) 受困荒村野嶺

我用行李秤去秤聖經的重量.

14 cm
HOLY BIBLE
20,5 cm
3,2 cm

給予我沉重行李致命的一擊的,是這本精裝本聖經,重達650公克,Kinfe給我的臨別禮物,

Daniel

Daniel 原本是Kinfe專程找來幫我拿行李的,沒想到我的行李對他而言居然太重,他搬不動. 我想自己背,他又不要,結果他找了嘟嘟車司機來家裡載我的行李,又找了朋友合力搬到巴士站的候車處,他們十分佩服我的體力,連晚餐都不吃的人,居然可以背那麼重的背包!

他們真的對我很好,早上出門前,還為我的即將遠行而禱告,因為這動人的心意,我只好含淚收下。

不,是因為太重了。

你流淚了,是因為感動嗎?

還是趕快走吧!再待下去,我們倆都要受洗了。

Peiyu這個傢伙看不出來實在非常有長輩緣啊!

我不是不吃晚餐,我只是不想吃英吉拉.

我知道!

182

Kinfe的岳母拄著拐杖到巴士站來,我們依依不捨地合影留念,好喜歡她!

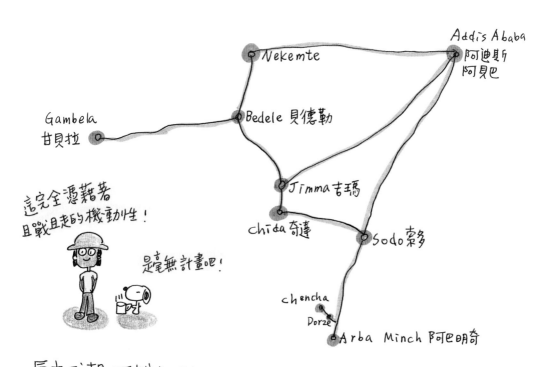

這完全憑藉著
且戰且走的機動性！

是毫無計畫吧！

原本我想,既然都到了Bedele貝德勒,乾脆就西行到Gambela
甘貝拉瞧瞧,然而那兒似乎不是觀光客很多的地方,而我究
竟要選擇到少有觀光客的地方,被人指著不斷叫喊:"
You..... You .... You ..."? 還是要去觀光區當被敲詐的
faranji? Kinfe告訴我Gambela甘貝拉靠近南蘇丹邊境,
不太平靜,勸我不要前往,我決定照最原本的計畫向南走,
把Arba Minch阿巴明奇當做下一個目的地,不論如何,
得先回到Jimma吉瑪再說,至少大城市的交通選擇較多,
於是我又鬼打牆似地再度回到Jimma吉瑪,呃?難
道又要再度(第三次)回鍋去住Central Jimma Hotel?

到 Jimma 吉瑪巴士站時是下午 2:30，剛好問到下午有一班前往 Chida 奇達的巴士，我決定先前往 Chida 再說。其實要前往 Arba Minch 阿巴明奇較舒服快捷的方式是從 Jimma 吉瑪搭高級巴士到首都阿迪斯，再從阿迪斯搭高級巴士南下到阿巴明奇。☺ 看看地圖，如果從 Chida 奇達轉往 Sodo 索多，再換車前往阿巴明奇，似乎也可行，至少可以不要再回到阿迪斯，反覆進出阿迪斯實在覺得很煩。然而，我忽略了一件事，圖上距離不是問題，路況才是關鍵，且聚落的等級會影響交通工具的發車頻率及舒適度，我完全不知自己即將把自己推向一個無窮盡等待的痛苦深淵。

寫著 1st level 字眼的 local bus，根本是騙人的，才不是 1st level 呢！

往 Chida 奇達的巴士下午四點開，但因司機跑去辦保險，拖到五點多才上路，車子開不到半小時我就覺得不妙，因為那是一條路況非常糟糕的山路，天黑之後，車子行進得更慢了，我擔心原本 3 小時的車程恐怕得拉長到 4 小時，且這輛嚴重超載的老舊巴士是否能順利走完全程？這荒郊野外哪裡有得住？

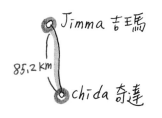

Jimma 吉瑪

85.2 km

chida 奇達

車程：4小時，60 Birr
沒有柏油路，路況極糟。
只有 local bus，沒有 mini bus

我把原本放在背包裡的頭燈拿出來，放在風衣外套的口袋裡，司機助手略通英文，跑來問我打算去哪裡？我說想在 chida 奇達住一晚，明天轉往 sodo 索多，司機助手聽了大驚，立刻請司機在一個荒涼的圓環停車，幫我拎著行李，帶我走過碎石上坡路，告訴我：『你今晚得住在這間旅館，再下去就沒有旅館了，明天早上你再出來找車子載你去索多！』，助手幫我找了房間，一晚 50 Birr（品質可想而知，但僅此一家，別無選擇！），（我應該是第一個來這裡住的 faranji 吧！）臨別時，他把我交託給另一個略懂英文的年輕人，請他陪我去上廁所（廁所是遙遠一隔的孤立茅坑），明天早上六點陪我出來找車子坐，『不要錯過巴士，錯過就沒有了』他謹慎地叮嚀我。衣索比亞最美的風景是人吧？我想，每次我被那些敲詐我錢財的人，在路上對我 "You! You! You" 叫不停的人氣得爆炸時，<u>衣索比亞的天使總會適時地出現</u>，把被我扣掉的分數加回來，他們總是那樣義無反顧地伸出援手，還會貼心地安慰：『別害怕，不會有問題的！』。185

8月14日(日) 旅途的沉思

chida → Tarcha, 3小時, 30 Birr
58.6Km
Tarcha → Waka, 1小時, 10 Birr
15Km
Waka → Sodo, 5.5小時, 73 Birr
99km
皆搭乘 local bus, 路況沒有最差,
只有更差!

一根 2 Birr
你又買香蕉了!

昨晚停電了, 狗在屋外低嚎了一整夜, 不知是否在警示著有
什麼動物接近? 清晨五點多, 屋外傳來走動聲, 推門查
看, 發現當地人忙著將麻袋往外搬, 原來大家利用不同
方向的巴士轉運貨物, 只要是轉運點, 不論多偏僻也會有旅館,
因為衣索比亞幅員廣大, 連巴士司機也需要在轉運點過夜。
熱心的當地人幫忙詢問並協助翻譯, 我才知道並沒有直
達 Sodo 索多的巴士, 得像接力賽似地一路換車才行, 那萬一
沒有順利換到車呢? 是不是又得在某個小村困一晚? 然而,
交通是因應人的需要而產生的, 這一大片山區荒涼且窮困,
當地居民往來全仰賴每天 1～2 班的 local bus, 所以巴士
有固定時刻表載客、載貨, 甚至兼任快遞, 也並非像以往
經驗那樣坐滿才開 (事實上在起站也不可能坐滿), 而且,
所有從不同方向開來的巴士會遵守默契地在某一個轉
車點會合, 然後進行乘客大交換, 我們的巴士在 Waka

等了很久，是為了等一輛從其他村子開來 Waka 的巴士，
如果我們這輛往 Sodo 索多的巴士開走了，那車兩巴士上若有
想去 Sodo 索多的乘客，就得等到明天才有車了。

這一路所目睹的貧窮，是先前難以想像的，極糟的路況，
超越過去一個多月所體驗的總和，同車的乘客對我很
好奇（他們應該是不解這個 faranji 來這裡觀光什麼？），這
也許是上天的安排，唯有歷經這兩日的波折，才能看見
衣索比亞某些角落的真實面貌。

老舊巴士在 52 號公路未鋪平的路面上，像醉漢般搖晃著前進，
行經高處，可以清楚地看見 Gilgel Gibe Ⅲ Dam 吉貝三號水庫，
這座剛落成不久的水庫，如此新穎、巨大、現代化，與周遭
鄉野的竹牆矮屋、貧窮破落 形成強烈對比，那種超現
實的魔幻感覺，好不真實，我不明白衣國政府怎麼有信心和
勇氣去蓋這麼龐大的東西？它能受控制嗎？這個水庫像是一
個賭注，看似充滿希望，卻得付出代價。

Peiyu 的地理教室：吉貝三号水庫

2015年10月落成，高度243m（驚人！）表面積 210 km²，總容量 14 km³。
由中國協助興建，此水庫建於 omo 奧莫河上，發電量大，電力除
自用之外，並售予他國，例如：肯亞、蘇丹等，這項建設持續引發
爭議，因興建水庫可能使奧莫河流量減少，影響沿岸居民生計，
且使河川下游的 Turkana 圖卡納湖 水位降低，有乾涸之虞，
生態危機不容小覷，且水庫興建過程中，政府屢次逮捕、鎮
壓批評者，遭控訴違反人權及社會公平正義。

187

行經好幾個檢查哨，乘客得下車步行並由軍警進行
盤查，『千萬別拍水庫及發電設施！』鄰座的乘客小聲
叮嚀我，他看我把相機拿出來，不由得緊張了一下。
這條路也是由中國人負責修建的，正在如火如荼地進行中，
有些路段進行拓寬，劈開山體，開出新路，一些茅草
小屋就逼近大型機具挖出的山壁邊，危殆之情況令人
捏一把冷汗，從地層走向看來，是挖斷了順向坡坡腳，

挖斷順向坡坡腳
有可能引發走山。

真替這些屋子擔心，也許他們很開心
家門前不遠即將開新路，卻不清楚
自己其實身陷危險，誰來告訴他們呢？
　　抵達Sodo時，我被沿路灰塵弄
　　得灰頭土臉，非常期待
　　能洗個熱水澡，
　　時間逼近九點，我
　　非常擔心能否順利找
到旅館，司機助手前來關
切，問我可以接受什麼價位
的旅館，原本拎下車的行李又
被他拿回車上，助手請司機直接把
巴士開到旅館門口，陪我進去確認情況，又是一
個衣索比亞的天使，謝謝你。

Birznesh Pension
一晚250 Birr, 附衛浴.
熱水, wifi,
乾淨。到巴
士站搭哪之車
5 Birr. 到博
物館搭摩
巴士站 托車5
Birr) 切.

大圓環

Sodo
博物
館

8月15日 (一) 索多博物館

追記：昨日晚餐，昨天太晚了，只剩漢堡店有開，所以去吃了牛肉漢堡，吃得很開心，Sodo 索多真是個好地方，居然有漢堡店。吃飽喝足之後，我就回房瘋狂上網，社群媒體沒再被封鎖了，我又從網路世界復活了。

牛肉、蛋、番茄、洋蔥

48 Birr (份量超大.吃不完) 附薯條

摩托計程車費用：5~10 Birr 起跳

第一次在衣索比亞看到 motor taxi，要記下來！

本日早餐：34 Birr
不小心又進了另一間漢堡店，怕漢堡份量太大吃不完，所以點薯條就好！誰知來了一大盤。

薯條堆得像一座小山.

不是英吉拉就好！

這種房子叫做 gulatoa

Sodo museum 索多博物館
門票及英文導覽 120 Birr
外觀是當地傳統圓形房屋，屋外種植了許多假香蕉樹 (ensete，又稱 false-banana plant)，裡面展示許多生活用品。

189

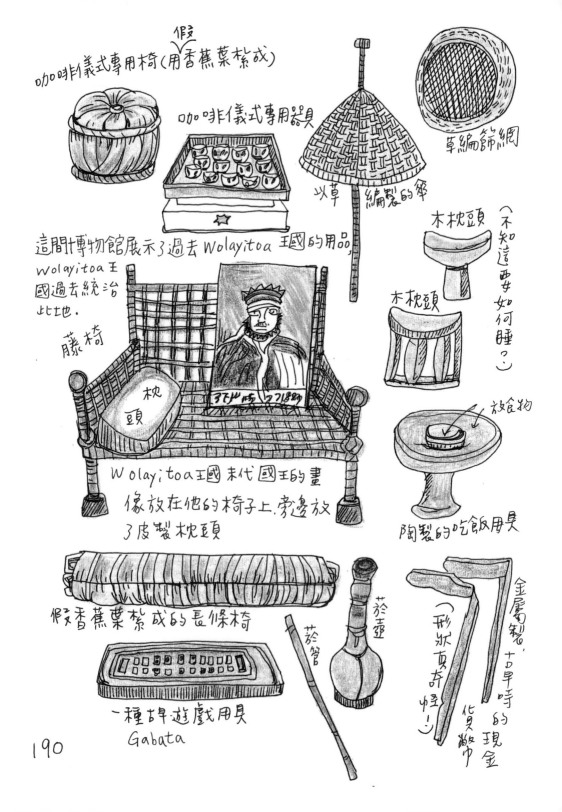

假
咖啡儀式專用椅（用香蕉葉紮成）

咖啡儀式專用器具

草編篩網

以草編製的傘

這間博物館展示了過去 Wolayitoa 王國的用品，
wolayitoa 王國過去統治此地。

藤椅

木枕頭

（不知道要如何睡？）

木枕頭

枕頭

放食物

陶製的吃飯用具

Wolayitoa 王國末代國王的畫像放在他的椅子上，旁邊放了皮製枕頭

假香蕉葉紮成的長條椅

菸管

菸壺

金屬製，十口早時的現金

（形狀更奇怪）

貨幣

一種古早遊戲用具
Gabata

190

參觀完十博物館，回旅館拿寄放的行李，搭嘟嘟車到巴士站，順利搭上前往 Arba Minch 阿巴明奇的巴士。

辛苦撐門！

別讓我泡水！

路上什麼狀況都可能發生，一定要準備乾糧及水果。

衣索比亞 巴士站 攻略：

1. 能先買預售票就要先買！

2. 能提早到就儘量早到，請求巴士站人員先放你進去搶位子。(有時需給小費10Birr)

3. 若在巴士站，有人幫你帶路找巴士或提行李，需付費，10Birr 即可，若要求多給，不要理他。

4. 行李通常視大小會被收費10～20Birr，若對方要求多給，不要理他。

5. 上車後，先問其他乘客車資多少？不要等司機助手來收錢時才問，因為司機助手有時會故意收 faranji 雙倍甚至以上的車資。

6. 行李不管是被放在車頂或車後方置物空間，須親自確認有被綁好或放好，不要隨便交給小弟就不管了，因為巴士站有小偷專門偷行李。

7. 行李若可能，最好加上背包套防水防塵。

8. 巴士到站後，會有一堆人搶著幫你拿從車頂或車後置物箱的行李，你可以自拿，191若他們摸到你的行李，幫到忙，就得付10Birr。

○ sodo 索多
(海拔1600m)

123 km

○ Arba Minch
阿巴明奇.(海拔1285m)

Sodo → Arba Minch
4hrs, 50 Birr. Local bus.
車子很多. 坐滿就開.

開始穿短袖了!
防 UV 的薄長袖也拿
出來備戰!

沿途的景色不再有上週在 Jimma
吉瑪那樣的蓊鬱森林,取
而代之的是較乾荒的疏林
莽原。隨著海拔高度及緯
度的降低,氣溫也升高了,坐
在車子裡會有一種快中暑的
感覺,這次的旅行,好像
春夏秋冬四種季節全都
體驗到了。

抵達阿巴明奇後,同車的熱心
乘客帶我去找旅館,一路上
不斷地有自稱導遊的人跳出來幫忙,我的警戒心
開始升高,告訴自己:『你又到觀光區了,要小心!』,
在當地人帶路之下,住進一間便宜的旅館,我決定先
住一晚,把行李放下,先用冷水沖涼把自己洗乾淨
後,就輕裝出來物色其他旅館。

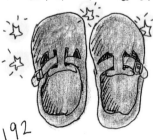

已經有不止一個當地人問我為何把鞋
子弄得那麼髒,連 sodo 索多博物館的
人員也對我鞋上的泥巴摟頭,於是我
上街找擦鞋童,花 10 Birr,讓它改頭換面。

192

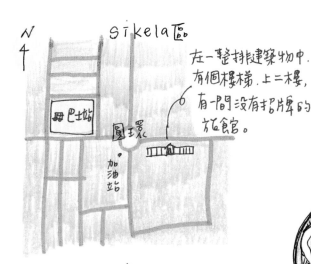

sikela區

在一整排建築物中,
有個樓梯.上二樓,
有一間沒有招牌的
旅館。

巴士站

圓玉環

加油站

single room-晚140 Birr.
冷水,附衛浴,沒有wifi,
因天氣很熱,洗冷水澡沒關係
(反而舒服),但這間旅館不算
乾淨,會被跳蚤攻擊.我雖然
用了噴霧劑,但仍有兩個地方
疏於防護,被跳蚤攻擊。

晚餐:

明明點了蔬菜pasta.
說只要麵包,不要英吉拉,
但端上來的是這樣:

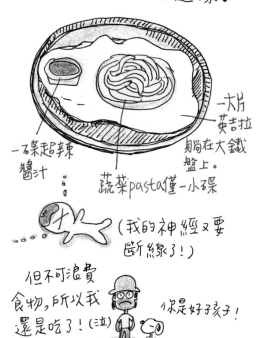

一大片
英吉拉
躺在大鐵
盤上。

一碟超辣
醬汁

蔬菜pasta僅一小碟

(我的神經又要
斷線了!)

但不可浪費
食物,所以我
還是吃了!(泣)

你是好孩子!

這間旅館雖不優,但有
張大桌可以讓我寫日記,
終於可以擺脫趴在床上寫日記的痛苦,且陽台有地方
可完美鉤住晒衣繩,所以,所有的髒衣服都可
以洗香香、然後吸飽陽光,背包客在意的旅館梗真
的很奇怪咧!明天是附近chencha清恰村的市集日,
一整晚我都在天人交戰要不要早起殺過去,然而最終,
懶情戰勝了☺☺意志力,我擺爛完全不想動。 193

8月16日 (三) 內夫沙國家公園健行

Arba Minch 阿巴明奇分為兩區，地勢較高的 Shecha 和地勢較低的 Sikela，我選擇住在 Sikela 區，因為商業繁榮，且巴士站在這裡。

巴士站 bus station

→Selam bus 售票處. 有直達阿迪斯阿貝巴的高級巴士

往國家公園管理處.

加油站

昨天住的不可愛旅館

Teruye hotel
single room 180 Birr. 有 wifi (但易斷)
乾淨,明亮.
一樓餐廳的魚料理很好吃,早餐,午餐,晚餐有不同的魚料理,雖有黑暗,但美味可以讓你忘記英吉拉的折磨.
(我因懶得再搬,且我迷著 Arba Minh Tourist Hotel 的網路,想就近利用,所以還是選擇住 Arba Minch Merkato Hotel)

● ☖ Arba Minch Tourist Hotel, single room 要 500 Birr. 好貴.
● ☖ Arba Minch Merkato Hotel (我住這間) Single room 250 Birr, 乾淨明亮有熱水. 號稱有 wifi,但微弱且易斷線,所以我都去旁邊的 Arba Minch Tourist Hotel 庭院餐廳上網 (沒有設密碼,很方便,速度也可接受),若嫌它速度慢,旁邊有一間 internet café,速度應可滿意.

早起火速換完旅館,經當地人介紹,去 Teruye Hotel 吃魚料理,魚是附近 chamo 查莫湖捕來的。

早午餐!

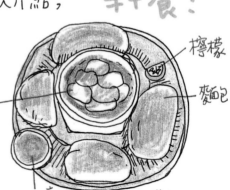

住湖邊, 當然要吃魚!

用番茄醬汁調味的新鮮魚塊. 完全不辣!

檸檬

麵包

這碟辣醬我沒碰!

194

吃完魚料理，再去路邊攤來杯傳統咖啡，我又回旅館裝懶惰，找 Black gold（黑金，台灣翻成"咖啡正義"）的影片出來看，這部影片主旨在揭露咖

用"非"字表示貿易過程不公平

啡產業的幕後真相，內容從衣索比亞的咖啡農合作社與農民的對話帶出咖啡產業對貧窮國家勞動力的不合理剝削，這部片子提及不少衣索比亞的生活現況，以前看的時候，像隔著一層紗，時間久了，就淡忘了影片中提及的種種困境，然而，再一次看這部影片，那影片中簡陋的住屋，買不起黑板的學校，衣衫襤褸的農民……，都是昨日，今日在我眼前真實存在的場景，這是一個複雜的、結構性的問題，而到底我們真正能做的是什麼？

翻開旅遊書，做點功課，這是旅行的最後一個停留點，總不能繼續在旅館裡坐以待斃吧？夫規劃路線時，在旅途中，我不斷思考問答，我並不打算繼續向南行，深入奧莫河谷低地，例如：Jinka、Turmi一帶，儘管那是南環線的觀光景點，但我一想到那種將少數族群村落商品化到極致、猶如人類動物園般以相機獵遊，拍照、給錢，然後走人，一想到就很不舒服，所以選擇不去。

195

帶了水、帽子、抗UV薄外套出門，我決定步行到 Nechisar National Park 內卡沙國家公園的 Forty Springs 看看，Arba Minch 阿巴明奇這個地名的由來，就是阿姆哈拉語的 "Forty Springs"，因為這兒有無數的湧泉，推想應與 The Great Rift valley 東非大裂谷的斷層作用有關，使得地下水面與地面相交，產生湧泉。Nechisar 內卡沙在阿姆哈拉語中的意思是 "white grass" 因國家公園內呈現乾荒的熱帶莽原景致而命名。

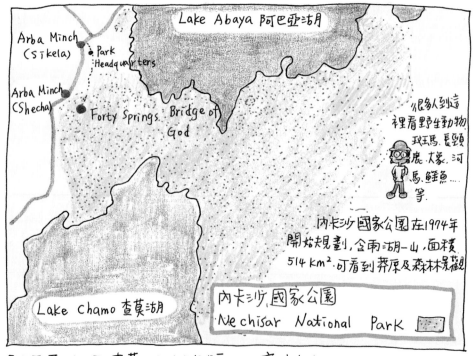

阿巴亞湖和查莫湖中間隔了一座被叫做 Bridge of God 的小山。

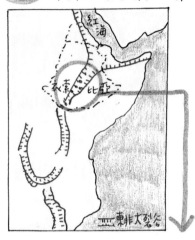

Peiyu的地理教室
東非大裂谷的湖泊群
（東非大裂谷形成原因請參考第93頁）

東非由於板塊張裂作用,陷落為紅海,也因此形成大裂谷(Rift Valley),並造成兩處南北向,千餘尺深的湖盆,因降水充足,故在裂谷帶內形成大大小小的湖泊群。

Lake Abaya 阿巴亞湖 和 Lake chamo 查莫湖是衣索比亞境內南邊的兩個大湖。阿巴亞湖湖水較混濁,呈現紅色,原因是很久以前,湖區火山噴發,火山碎屑物中含有大量礦物質,其中包括大量的鐵元素,氧化之後形成的氧化鐵使阿巴亞湖湖水呈現紅色。藍色的查莫湖生態系較豐富。 197

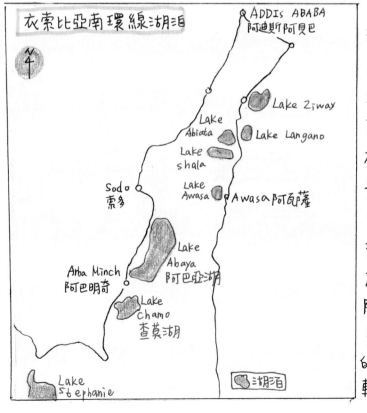

衣索比亞南環線湖泊

- ADDIS ABABA 阿迪斯阿貝巴
- Lake Ziway
- Lake Abiata
- Lake Langano
- Lake shala
- Lake Awasa
- Awasa 阿瓦薩
- Sodo 索多
- Lake Abaya 阿巴亞湖
- Arba Minch 阿巴明奇
- Lake Chamo 查莫湖
- Lake Stephanie
- 湖泊

我的 Forty Springs 健行路線圖
（走路去，坐 mini bus 回來）

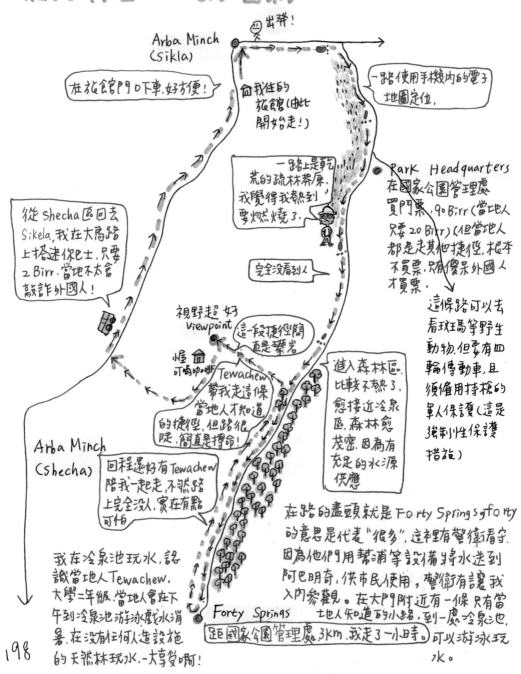

Forty Springs 的泉水清澈冷冽，當地
人帶我走一條路跡不明顯的小路，到一處冷泉池戲水，
很神奇地，一路上都沒碰到半個人，可是冷泉池卻很熱
鬧，大家都躲到這裡玩水了，有些當地人甚至赤身裸體
跳下水，這次來非洲，我發現很多人都不避諱當眾裸露
身體，每次我都看得很害羞，這是和我們的文化
很大不同的地方。

Forty springs 的道路盡頭有政府的輸水設施，我入內參觀。

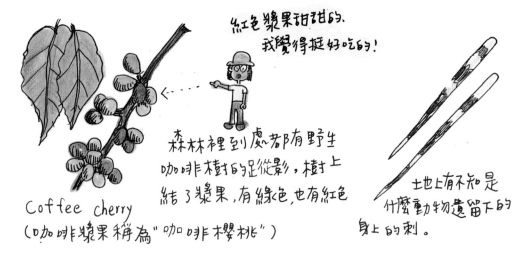

紅色漿果甜甜的，
我覺得挺好吃的！

森林裡到處都有野生
咖啡樹的足跡影，樹上
結了漿果，有綠色，也有紅色

Coffee cherry
(咖啡漿果稱為"咖啡櫻桃")

地上有不知是
什麼動物遺留下的
身上的刺。

我只有撈起褲管，在冷泉池泡腳玩水，因為我實在
太明顯了（大家都很黑，只有我最白，且現場只有我一個
外國人，大家都指著我說 faranji、faranji !），　實在沒有勇氣
換泳衣下水，且這裡也沒有任何可供遮蔽的地方，
儘管當地女生都直接跳下水，但我實在沒那勇氣。

200

當地人 Tewachew 陪我走回程路，他說國家公園有當地人知道的捷徑，所以 我不必再走原路 (3km) 回去，他領著我抄小路，然而攀上陡崖，真是累死我也，只能手腳並用，並在心中暗叫：『為什麼我莫名其妙又健行了？』，這條捷徑同時也是當地人進入國家公園中撿拾柴火、收集乾草的必經之路，好幾次，動作慢的我，還必須讓路給他們。

當地人背著比自己身體大很多倍的乾草，在陡崖上爬上爬下，卻臉不紅氣不喘！

湖水呈紅色的 Abaya 阿巴亞湖

Bridge of God
是介於兩湖之間的一座小山

湖水呈藍色的 chamo 查莫湖

一片樹海

攀上陡崖後，就是阿巴明奇的 Shecha 區 (地勢比 Sikela 區高). 可以清楚眺望兩湖一山，遠景極佳，所有攀岩的疲勞全都一掃而空。

201

聰明的大叔贏了好幾局

黃色瓶蓋,正面朝上
↓

藍色瓶蓋,背面朝上
↓

Tewachew 把棋盤放在雙腿上,和大叔戰了好幾局. 我請他喝了一杯咖啡.

鐵板做屋頂

竹子是重要結構樑柱的材料

草蓆做牆

我們在陡崖上方的咖啡小屋喝咖啡、下棋,規則和跳棋很像,棋盤是用不同顏色的汽水瓶蓋放在畫了格子的木板上。

麵包

發酩

檸檬

辣醬
(我完全沒碰)

薯條

炸魚片

麵包

202

晚餐 又去 Teruye Hotel 附設餐廳捧場,一大盤炸魚及薯條堆得

100Birr 像小山,配啤酒,好暢快。

8月17日（三）〔兜雷的象屋〕

追記：昨晚辛苦寫日記的場景，這間旅館不知怎麼地，房間的燈超暗，但浴室的燈卻很亮，好想蹲在浴室寫日記，

想睡！

陽台

浴室

我只好把茶几和單椅搬到浴室門口，如此才能爭取一些明亮的光線，然而寫沒多久，

就腰痠背痛、雙眼疲勞，☹ 倒在床上陣亡了；清晨不到五點就醒了，因為這間旅館及隔壁旅館有大停車場，是巴士及卡車司機的最愛，清晨時，他們紛紛發動車子準備上路，而附近的教堂也準時在清晨放送很像念經的吟唱聲，超大聲，連月球都會聽見吧！不想被叫起床寫日記都不行。

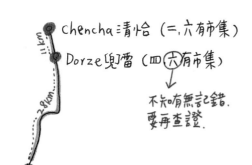

Chencha 清恰（二.六有市集）

Dorze 兜雷（四⑥有市集）

不知有無記錯.
要再查證.

Arba Minch 阿巴明奇

今天的行程是前往阿巴明奇北方的 Dorze 兜雷，Dorze 兜雷地區的族群有自己的語言，以特殊的"象屋"聞名，棉紡織工藝也很出色。

Arba Minch → Chencha　20 Birr，1~1.5 hr
Chencha → Dorze　10 Birr，20 min
都是 local bus.（每一小時一班.車子很多）（可自行前往.去了再找導遊）203

በሰጋሞ ጨንቻ አካባቢ
እአገባቢ ጋዎች ማህበር

BesaGamo Chencha
Local Guide Association →

入村費 = 400 Birr
嚮導費 = 300 Birr
參觀項目：象屋、如何做
假香蕉樹打麵包 kocho、編
織、陶器工作坊、Warka
water、市集 (特定時間)

原本是搭巴士在 chencha (清恰) 下車，只是好奇這到底是什麼樣的地方？跳下巴士之後，發現它略具小鎮規模，當地人很好奇我來這裡做什麼？有位會說英文的年輕人告訴我：『你來錯地方了喔！你應該去 Dorze 兜雷吧！Chencha 清恰只是普通小鎮，Dorze 兜雷才是觀光區！』呵～連當地人都這樣說了，所幸從 Chencha 清恰開往阿巴明奇 的巴士班次頻繁，且一定會經過 Dorze 兜雷，所以在 Chencha 小小晃邊後，我就再度跳上巴士；Dorze 兜雷比 Chencha 清恰規模略小，比較像村落的感覺，一抵達 Dorze 兜雷，車上的乘客們齊聲提醒：『Dorze 兜雷到了，你要下車了喔！』，我這個 faranji 一下車，馬上引起當地人注意，立刻被帶到村子的觀光導覽辦公室，這是一個有系統的單位，想參觀村落須僱用嚮導 (300 Birr)，並繳交入村費 (400 Birr)，進去村子後可以拍照，不會再隨便收拍照費或衍生其他費用。

Dorze（兜雷族）的象屋  我是大象控！

眼睛 眼睛

象鼻

205

象屋小檔案

① 材料

假香蕉樹葉

12m

屋子整骨體是用竹子.竹葉.以及竹子的葉鞘蓋成的,竹子本身具有彈性,故屋子本身不需任何樑柱支撐,建起來像一隻大象,故稱為象屋。

內部隔間全是用竹片編的竹牆做為隔間牆。

② 興建與維修

一開始要建很高

當倉庫用吧!

我變矮了

在乾燥的季節興建,要花好幾個月才能蓋好,屋頂覆蓋的竹葉大約每5年會換新,屋子裡用石頭搭出火堆,藉以照明.取暖,升起的煙霧可讓屋子保持乾燥.避免白蟻蛀蝕。然而,白蟻會從基部侵蝕,因此,象屋每隔幾年會將遭白蟻蛀蝕的部份清理掉,所以房子的高度會慢慢降低,直到不能用為止.一棟象屋可使用約80年。

③ 特色　象屋是可以移動的,需約60人同時在屋內及屋外掌控,就可以移動房屋,如此可避免白蟻蛀蝕或某些過於潮濕的區位,以延長房屋的壽命。

因房間燈光太暗,以致於搞不清楚哪枝筆是黑色?哪枝是紫色?

Ensete (False Banana 假香蕉樹) 小檔案

分布於衣索比亞南部及西南部

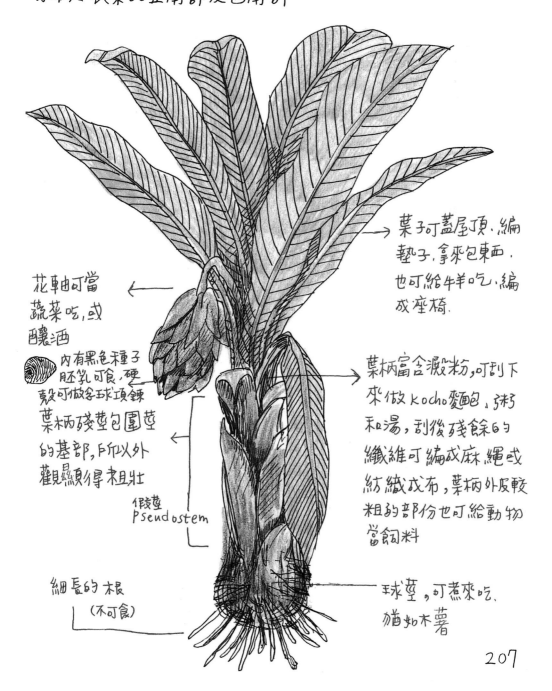

葉子可蓋屋頂、編墊子、拿來包東西、也可給牛羊吃、編成座椅.

花軸可當蔬菜吃,或釀酒

內有黑色種子胚乳可食,硬殼可做串球項鍊

葉柄殘莖包圍莖的基部,所以外觀顯得粗壯

假莖 Pseudostem

葉柄富含澱粉,可刮下來做 kocho 麵包、粥和湯,刮後殘餘的纖維可編成麻繩或紡織成布,葉柄外皮較粗的部份也可給動物當飼料

細長的根 (不可食)

球莖,可煮來吃,猶如木薯

207

象屋内部空間配置

裡面完全沒有桌子，滿陰暗的，動物和人住在一起！

牲畜(牛、羊)關在這裡有很多乾草鋪在地上→

乾的假香蕉樹葉

廚房用具直接掛牆上 湯匙

這面牆是用牛皮繃成的

小孩的床上面鋪了塑膠布

枕頭

玄關(接待客人)

椅子

許多用假香蕉樹葉做成的凳子→

橫在高處的一根長竹竿，

真的很厲害，整間屋子從裡到外都是用雙手編出來的。

水桶

客房

枕頭

爸媽房間

208

紡織工具

儲藏很多乾燥的
葉子,可以修屋頂

做葉苦
拉的梯
子

篩子

水

咖啡杯 口燥

椅子

儲藏室

廚房碗盤放在長椅上

掛在牆上的都是酒杯

水桶

水

水

可以懸掛東西

灶堆

做酒的材料
懸掛在這裡

椅子

長椅(上面鋪了帆布)

儲藏室

感覺僅十來坪大小,
被你畫得好大!

只是示意圖
啦!

209

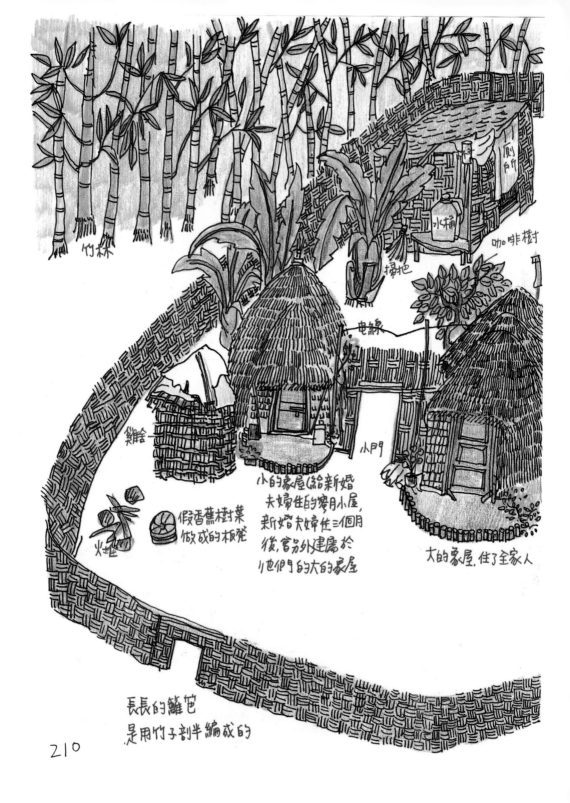

竹林

廁所

水桶

咖啡樹林

掃把

电線

雞舍

小門

火爐

假香蕉樹葉做成的板凳

小的家屋(給新婚夫婦住的蜜月小屋,新婚夫婦住三個月後,會另外建屬於他們的大的家屋

大的家屋,住了全家人

長長的籬笆是用竹子剖半編成的

210

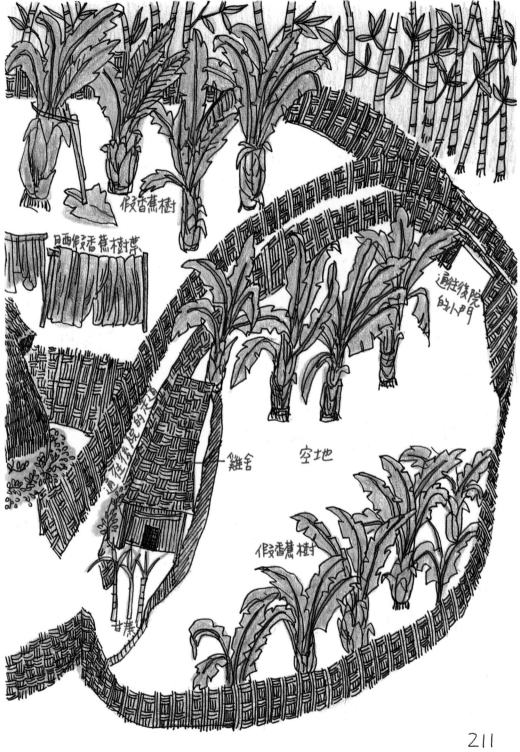

假香蕉樹

曬乾假香蕉樹葉

通往後院的小門

通往頂房的大門

雞舍

空地

假香蕉樹

甘蔗

211

如何製作 Kocho（假香蕉樹麵包）?

1.

長木板
葉柄
綁在 Ensete 粗大假莖上
帶汁白色碎渣
假香蕉樹樹幹鋪在地上

把 Ensete 假香蕉樹的葉柄用繩索固定在一塊長木板上，用竹製的刮削器由上而下加益刮，肥厚的葉柄就成了一堆帶汁的白色碎渣，殘餘纖維可編成繩子。刮削器是在竹子上挖出長溝做成的。

竹子
中空

2.

ensete 樹葉
白色碎渣

在地上挖個洞，鋪上 ensete 樹葉，再把白色的碎渣放入洞裡

3.

在白色碎渣上覆蓋 ensete 樹葉

4.

樹葉反摺
石頭

把樹葉向洞裡反摺整齊，用石頭壓住樹葉

5.

在石頭上再蓋上一層 ensete 葉子。

經過三個月後，埋存在地下的 ensete 富含澱粉的碎渣
已經發酵，凝定成一圓，可以拿出來做麵包了。

6.

麵團的纖維仍然很粗，
所以先用刀子切碎。

7.

把麵團放在 ensete 葉子上
揉壓成餅，按上指印

8.

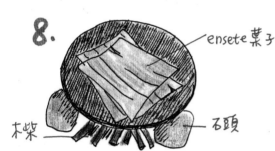

ensete 葉子

木柴 — 石頭

把麵餅連同 ensete 葉子放上
平底鍋，上面再蓋一片 ensete 葉子，
隔 5 分鐘換面，正反兩面各烤
5 分鐘

9.

把烤焦的 ensete 葉子
拿掉，確認一下餅熟了沒？

10.

當地用穀物釀
製蒸餾的酒，
很烈，35%

特調
辣醬

辣椒、鹽、薑、
洋蔥等混合

當地製作的黑色
陶盤

Kocho 略帶
酸味

當地製作的黑色陶盤

吃 kocho 時，可搭配
牛奶、奶油、蜂蜜及辣
醬汁，當地人請我喝
一種自釀的烈酒，喝時，
其中一人喊 "Yo、Yo、Yo"，其他人
再齊聲喊 "Yo"，之後乾杯。
一口喝完，Kocho 比英吉拉
好吃。

213

當地人在空地方架起竹竿，掛上色彩斑爛的布匹，有些是機器織的，有些是手工織的，基於 回饋 Dorze 社區並幫助當地人的想法，我買了 四條手工織的圍巾。（一條 200 Birr）

好友們，我開始在買給你們的禮物了。

-團棉花
捻成棉線
當地是由婦女負責將棉花捻成棉線.

筆又漏水了.你畫得太爐了把筆頭磨壞

由男人負責織布.織布機是用竹子做的.

當地人用大麥、玉米等穀類混合，揉成球狀，掛在屋子高處、風乾，這是要用來釀酒的。

214

鐵皮屋頂

DOREE AMARA R BOODO PRIMARY SCHOOH

竹片編的籬笆

連學校也是用竹子蓋成的，嚮導說希望我們下次可以帶些書本或文具來捐給學校，他們很需要，可以用捐款在衣索比亞的書店購買阿姆哈拉語的書本，然後捐到學校來。

還好有包三餐。不然觀光客就要吃土了！

這間象屋旅館位在 Dorze 村子裡，名叫 Tsehay Lodge 位於一處山崖旁，可由此眺望 abaya 阿巴亞湖，陪襯著遠山綠樹，安靜、視野極佳，住一晚 300 Birr（費用包含三餐），若不趕時間，其實可以考慮來此地住一晚，因為 Dorze 是一個很少被人工污染、非常自然安靜的小村落。

215

Warka Water 向空氣要水的竹籃巨人？？

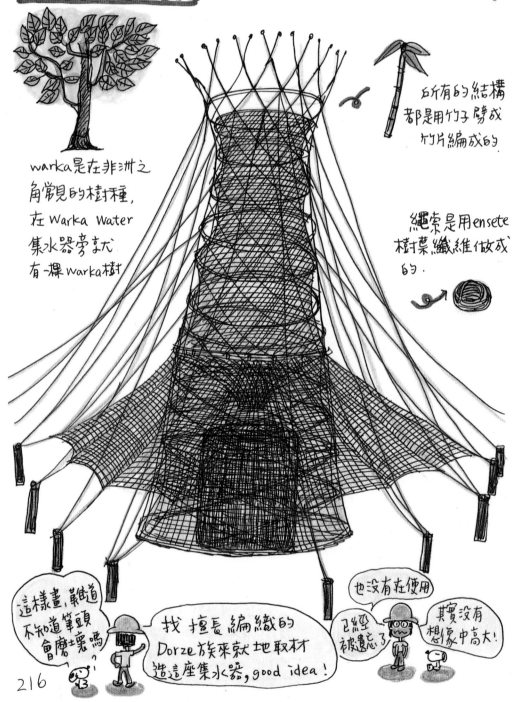

warka是在非洲之角常見的樹種，在 Warka Water 集水器旁也有一棵warka樹

所有的結構都是用竹子劈成竹片編成的

繩索是用ensete樹葉纖維做成的

這樣畫，難道不知道筆頭會磨壞嗎？

找擅長編織的Dorze族來就地取材造這座集水器，good idea！

也沒有在使用

已經被遺忘了

其實沒有想像中高大！

Warka Water 集水器小檔案.

身為背包客的我，在旅途中，有幾項迷戀物非看不可，
例如：動物園.五金行.任何手工藝創造過程 (例如編
織.陶器...等)，還有一項就是『水資源相關設施』(
例如：水庫.集水設施...等)！在 Youtube 上看到有關 Warka
Water 的 TED演講，十分好奇，就想來看看真實狀況是不
是真的這麼厲害？它有被當地居民繼續使用嗎？

建造時間：2015年5月26日舉行落成揭幕儀式.

設計者：義大利建築師 Arturo Vittori

設計發想緣由：到當地旅行，看到婦女小孩拿黃色水桶
　　　　　　　走遠路取水很可憐.

原理就像承火魯捕霧網啊！

設計原理：從自然界動植物的集水微妙器官構造得來的靈感

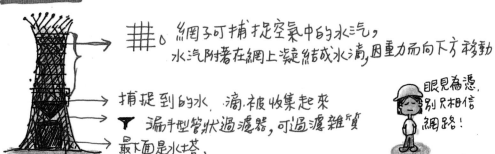

。網子可捕捉空氣中的水汽，
水汽附著在網上凝結成水滴，因重力而向下方移動

捕捉到的水.滴.被收集起來
漏斗型管狀過濾器，可過濾雜質
最下面是水塔.

眼見為憑.別只相信網路！

現況：像很多 NGO的政策一樣，敲鑼打鼓揭幕，就結束了，
Warka Water 四周被用籬笆圍起來供奉，當地人並
沒有用它來取水，也不像網路所看到的介紹說當
地人在它的頂棚遮蔭下聚會聊天。

217

專供洗衣用的水泥台座

用村子的觀光發展基金蓋的集水設施

Dorze 村子裡有一個政府協助建造的取水口。村民都來這裡取水。在它旁邊不遠處有一個較小的取水口，是用村子裡發展觀光旅遊的收入蓋的。

老實說，這個村子給我的感覺很正面，因為進入村子須有人引導，都有經過規劃，但又不會讓人覺得有旅遊商品化的感覺，且村子裡的小孩也不會見到觀光客就圍過來要筆、要錢、要糖果（我想大人應該有就這方面進行教育），且入村費和嚮導費是一開始就說清楚，中間不會因為要看什麼，拍什麼而另外加錢。之前聽說 Omo Valley 奧莫谷地的族群會刻意打扮，吸引觀光客拍照，然後一個人頭收 5 Birr，搞得當地族人追逐觀光客搶著要被拍，想到這種畫面就覺得難過，像 Dorze 村落這樣既發展觀光又維護尊嚴，作法很好。

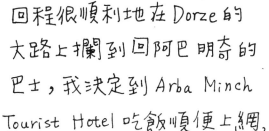

米飯

炸雞 122 Birr

加兩杯啤酒，
(天氣實在太熱了)

吃真多

回程很順利地在 Dorze 的大路上攔到回阿巴明奇的巴士，我決定到 Arba Minch Tourist Hotel 吃飯順便上網，雖然這間旅館實在太 faranji 了，但可以上網實在是一個莫大的誘惑，且可以點 faranji food 來吃；然而網路卻不通暢，社群網站及軟體又被封鎖了，旅館的安檢也變嚴格了，現在得先搜身、查看包包才能進入，我突然想起昨天介紹好吃魚料理餐廳給我的當地人 Massay 告訴我，最近局勢不太好，如果我想這個週末回首都的話，要注意狀況，因為有傳言說首都以南的幾個城市要串連反政府示威遊行，為了不要延誤下週回台灣的班機，我想如果沒事的話，先回首都吧！不然如果像上次在前往貢德爾的路上被暴動影響而進退不得就慘了，還好從阿巴明奇回阿迪斯阿貝巴，有高級巴士可搭，不必在清晨五點和當地人搶 local bus，雖說 Selam bus 上次壞在半路，但我仍願意再給它一次機會，哈，只希望萬一有暴動的話，可別像上次貢德爾那樣，對 Selam bus 縱火啊！

219

8月18日(四) 可怕的鱷魚

昨天日記寫太晚了，實在爬不起來搭車去看 Dorze 的市集，
我太拼了! 明明想看，卻又好懶惰，只好對自己說：『已經看過那麼多
市集了，不差這一個吧！』快十點才出門，到 Shecha 區逛
逛，一位熱心的女孩 Mekdes 問我要不要去 Crocodile market
鱷魚市場看鱷魚，我說那得搭船，太貴了，她說搭嘟嘟
車就可以，她說她沒事，可以陪我去。嘟嘟車司機穿過
Nechisar 內卡沙國家公園的小徑，沿途有狒狒在旁嬉戲，
車子在一棟水泥建築前停下來，我心中暗覺不妙，因為這
不是湖邊的 Crocodile Market，而是旅遊書中提到的那個
不值得前往的 Arba Minch Crocodile Ranch，一個隸屬於
政府的鱷魚養殖場，當地人買票只要 20 Birr，而 faranji 卻
得付美金 10元，相當於 220 Birr，哭哭。

所謂的博物館空空蕩蕩，只有靠牆處有
褪色的圖片及阿姆哈拉語文字說明，導覽
也是阿姆哈拉語，不過 Mekdes 很熱心地
翻譯，但我沒有因此而喜歡鱷魚。

鱷魚是無辜的

鱷魚那麼醜，
我那麼不喜歡鱷魚！
我為什麼要來這裡看鱷魚

28歲
人瑞鱷魚

這個養殖場的鱷魚養到六歲大時,就會被剝皮,皮出口到西國家去.製成皮件,接下來參觀見的養殖場裡,鱷魚被依歲數分區養殖,看到為數眾多的爬蟲類塞滿整個空間,實在很不蘇湖,希望能立足刻逃走。

離開可怕的鱷魚養殖場,我決定去逛族群文化博物館,Mekdes 為內悶地說她根本沒聽過這個博物館!原來,博物館根本還沒蓋好......還沒蓋好......還沒蓋好......(因為很重要.所以要說三次!),嗯,我反應十分淡定,在衣索比亞旅行

這次旅行,和『興建中的博物館』真有緣份

你是來考察工地的吧!再給它十年時間。

這麼久了.什麼事都可能發生,我變得非常善於等待,(說真的,來自分秒必爭的台灣 ☺ ,剛到此地旅行時,好幾次都想站起來大喊:『拜託你們快一點,你們這樣悠哉,是永遠不會進步的!』,不過久了就習慣了)。我和在Forty Springs 相識的 Tewachew相約下午四點在 Bekele Mola Hotel 的

126 Birr

麵包

啤酒

薯條　三大片魚排

酒吧碰面,離約定時間還有兩個半小時,我決定先去那兒用餐,這間老字號的旅館,位於山崖上面.視野極佳,坐在餐廳就可望見Abaya阿巴亞湖、Chamo查莫湖及Bridge of God這兩湖一山的景致。 221

四點一到，Tewachew 準時前來，在湖光山色中，我們喝著啤酒聊著衣索比亞大小事及國際新聞，他只是一個大三學生，卻有著極深刻的思想，對很多事也有自己的質疑與看法。他邀我去他家小坐，約10多分鐘腳程，我欣然接受。Tewachew 的家是傳統土屋，使用許多竹製的建材，庭院中種植了許多食用植物，還有木瓜樹、芒果樹、和咖啡樹……，像一個自給自足的小生態系。

明天是 holy day，也是國定假日，是衣索比亞科普特東正教的 Transfiguration Feast（主顯聖容節，衣索比亞稱為Buye），家家戶戶都在門外用樹枝堆成像火把外觀的東西，並用綠葉花朵裝飾，在夜晚來臨時，點火燃燒，大家都興高采烈，好有傳統節慶氣氛，是在現代化社會感覺不到的。

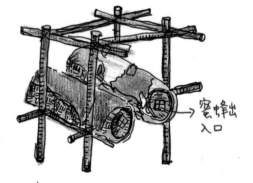

→ 蜂巢出入口

這個木架上放著用竹片編成的圓桶狀東西，外面還包覆一層帆布，原來這是蜂箱，他們可生產蜂蜜自用，且庭院中有花及果樹，可提供蜜源。

222

咖啡樹正在開花，衣索比亞人會在自家庭院中栽上幾棵咖啡樹，那是自家的咖啡豆來源，Tewachew 的姊姊在庭院中布置好 coffee ceremony 的用具，煮咖啡歡迎我。

迎賓咖啡得完整喝上三輪，我們一邊閒聊、拍照，喝到天都黑了，第三輪的咖啡在加了水之後，味道是最淡的，一輪明月已悄悄從山的背後升起，是該回家的時候，Tewachew的姊姊告訴我上週的反政府暴動用武力鎮壓，造成幾十人死亡，叮嚀我出門在外，一切小心，不過她笑著說對觀光客不會有影響的，子彈和石頭看到觀光客會閃開，Tewachew陪我搭嘟嘟車回 sikela 區，他說這樣比較安全，人們在夜間的街道燃起火炬，慶祝節日的到來。

綠色，尚未成熟的漿果

→ 白色小花

橢圓長形葉子.

筆又漏水 →
(六)

來我家住幾天吧！

→ 焚燒乳香

地上用剛採的芒果樹葉
鋪著裝飾

8月19日（五）返回阿迪斯阿貝巴

Arba Minch → Addis Ababa
搭乘高級巴士 selam bus
280 Birr，車程8.5小時，
路況很好，皆為柏油路，
車上有發礦泉水和餅乾，
中午有停靠餐廳，自由用餐

住在巴士站附近的好處是清晨五點可以悠悠哉哉地把行李拉去巴士站，完全不必擔心任何突發狀況。坐在舒服的座椅上，車子行駛在如絲綢般平滑的路面上，這是過去一個多月以來未曾享受過的，有一種苦盡甘來的感覺，路上有成群結隊的小孩穿著宗教服裝拿著棍子向行經的車輛及路人嬉鬧，慶祝今天的宗教節日。鄰座乘客是來自印度的Raj，母語是南印度的泰米爾語，在這裡的大學教書，在衣索比亞，我和Raj都是外國人，

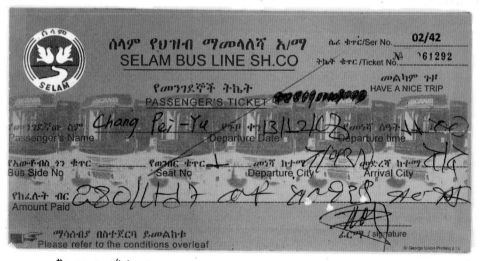

▲難得有機會搭乘這種高級巴士，這張票一定要貼下來做紀念。

我們交換了在此碰到的新鮮事，他會講阿姆哈拉語，他說是和當地小孩學的，因為小孩用的字彙簡單，且會不厭其煩地重複講，Raj 和我認識的其他印度人一樣有趣，不過好久沒聽印度腔英文了，真是很容易一頭霧水哩！<u>而且居然問我台灣人是否吃蟑螂和蛇？</u>可怕的謠言，我立刻澄清！

Raj 要到阿迪斯阿貝巴監考，他介紹我去住相關單位安排的旅館，一晚 500 Birr. 我覺得有點貴（<u>其實一點也不貴，但在這裡旅行久了，我不知道在省什麼？</u>）他說首都的住宿都不便宜，他又推薦另一間地點佳，乾淨、便宜的 Pension 給我，並叮嚀我不要住到 Piazza 皮埃塞區去，太亂了。

這間旅店在 Lonely planet 旅行指南中也有介紹，地點很好，距離 Meskel square 是走路可到的距離，要去買高級巴士票，或搭高級巴士都很方便，最近的一個地鐵站是 St. Estifanos 站，如果從機場來，或是要到機場，走出巷口，在圓環附近就有往返機場的迷你巴士 mini bus，完全不必換車。(比我上回住的 Atelefugne Pension 的交通方便)旅館在巷子裡，故可避開大馬路之噪音。
double room without shower, 250 Birr
double room with shower, 350 Birr

225

可惜 Raj 介紹的 Selam Pension 客滿了，我只好背著大背包，再去上回投宿的 Atelefugne Pension 報到，其實那裡不但乾淨，且人也客氣，最重要的是安全無虞，只不過四周街景有些破敗，第一眼看到時，免不了會擔心，再度回到阿迪斯阿貝巴的我，猶如老江湖般，不再像初來乍到時的驚懼猜疑，也開始聽懂迷你巴士隨車小弟口中像謎語一般不斷重複的地名，看見永遠在建設中的街道，飛揚的塵土與暗藏坑洞的路面，走過大半個衣索比亞的我知道，這個國家如火如荼地大興土木中，人們總是充滿希望地告訴我：『衣索比亞在進步中……』，再度回到這裡的感覺真好，老闆很驚訝我消失了一個多月之後再度出現，這回的房間沒有桌子，我問老闆可否搬一張小桌到我房裡，老闆很爽快地換了我之前住的4號房給我，那間房裡有點搖晃的大木桌，可是陪伴我寫晴記的夢幻逸品。

Kaldi's Coffee 卡狄咖啡的 LOGO 和星巴克一樣都是綠色的。

去 Mexico Square 附近的咖啡連鎖店報到，店名 kaldi 是取自當初發現咖啡的牧羊人卡狄，雖然有人批評它的商標及裝潢，猶如星巴克山寨版，消費也不便宜，但我喜歡來此享受片刻『都會感』。

拿鐵咖啡　甜甜圈（焦糖口味）　共 38 Birr

8月20日(六) 市集購物

明天是星期日,店家及市場都休息,所以今天必須把送給親友的伴手禮搞定,想想也只有咖啡豆、咖啡杯是想買的,除此之外,沒有其他東西會讓我想從口袋掏錢出來。市場賣的生豆品質太差,瑕疵豆比例高,好的咖啡豆多數都出口了吧!我決定去 Piazza 皮埃塞區的名店 Tomoca 咖啡專賣店採買。

一盒 25 Birr

我拿出輕巧型摺疊購物袋,放進2包大包、10包中包咖啡豆及8盒肉桂茶. 店員看傻了 (我完全是有備而來吶!)

這是衣索比亞大街小巷常喝到的肉桂茶,我直接打包8盒,一盒有25個茶包,我打算要送給暑假過後要接手的,據說很乖的四個高三班級。

Tomoca沒賣生豆,只有熟豆,分成深焙及淺焙兩種 (但我覺得就算是淺焙那款,顏色也頗深,感覺衣索比亞人偏好重口味),我買了淺焙豆,至於咖啡粉.因風味易流失,完全不考慮。

(大) → 500g → 138 Birr (有粉.有豆)
(中) → 250g → 69 Birr (有粉.有豆)
(小) → 100g → 25 Birr (只有賣粉)

一打 70 Birr (本來被開價180Birr)

 這是衣索比亞從南到
北的傳統咖啡儀式
coffee ceremony 全民通用的
中國風小瓷杯,常見的有紅,
藍及橘色,我買了兩打,有保麗
龍盒子裝,比較不擔心打破!

廚房用品區,還幫我比價,殺價,我決定請他吃午餐表示
感謝,他推說不必,卻說自己是從事 black market 黑市
交易,希望我可以拿美金跟他換錢,然而,這個忙我
無法幫,一則黑市交易存在風險,二則我快回台灣了,
根本不需要再換 Birr 比爾了。

高麗菜
gomen

甜菜根 keye ser

米 Rothe

摩簽豆泥
atere Keke

超辣
扁豆泥
neser

馬鈴薯

配雪碧汽水,食飽後再來
一杯茶,花費共 36 Birr

買完咖啡豆,從 Piazza
皮埃塞區走到 Merkato區
(market,市場之意),也就
是 8月4日那天搭長途巴
士的巴士站所在,這裡
據說是全非洲最大的
市場,什麼都賣,什麼
都不奇怪,街道混亂,
且據說扒手小偷橫行,
起初我茫然地迷失在
這座商品海洋中,還好
有好心人幫忙☺找到

快回台灣了,而且☺好像很
久沒有吃英吉拉了,我決定再
給英吉拉一次機會(哈!),上餐館
點了蔬菜英吉拉,嗯!這應該是
最後一次吃英吉拉了,夠了。

"RED TERROR" MARTYRS MEMORIAL MUSEUM

紅色恐怖受難者紀念館

也許是因為台灣歷史上發生過二二八事件並歷經白色恐怖時期，我一直想著要參觀這座"紅色恐怖紀念館"，這座外型素樸簡潔有質感的低調建築

ᏚᎵᎰᎨᎵ ᎨᎾᎸᎶ ᎧᏬᎸᎶᎶᏜᎶᎰ

NEVER, EVER AGAIN

(雕像台座上發人深省的題字)

在 2010 年成立，設立者是 Kebebushe Admasu，她的四個孩子在紅色恐怖時期同一天被殺害。1974年，門格斯圖 Mengistu 推翻末代皇帝海爾·塞拉西，建立社會主義經濟制度，並用極端方式鎮壓反對人士，殺害超過十萬名異議份子。走進此地，我靜默且心情沉重，看著那整面牆的黑白照片與姓名，有男有女，絕大多數屬於年輕的生命，卻遭到摧殘而消逝，只為了他們心中所堅持的信念，歷史的存在，應該要讓人們記取教訓，不要讓傷痛再次發生。

8月21日(日) 詐騙集團

反正今天的行程只有一個：參觀 Ethnological Museum 民族學博物館，所以拖到快中午才出門。然而一出門，卻覺得氣氛詭譎，明明是應當氣氛悠閒的星期日，但街道上佈滿軍警，瀰漫著一股潛在的緊張氣氛，從 Mexico square 到 Meskel square 約2公里長的街道，每走幾步就有一名軍警。等巴士時順便請教了旁邊的一位先生，他笑著要我別擔憂，說早上在廣場發生了示威者和軍警的衝突，但情況已在控制中，他指著旁邊的警察對我說：『這個廣場再安全不過了，看……，我們政府派這麼多警察保護你……』，我聽了並沒有比較放心，決定趕快看完博物館，趕快閃人。然而，我和民族學博物館應該很沒緣份吧！上個月 7/6 (三) 來，剛好是 holly day 國定假日，博物館沒開，今天則是星期天，它也休息 (原來，旅遊書上的資訊是過時的！)，我決定明天早上再來。

回 Meskel square 剛好是下坡路，且這一帶綠樹掩映、花木扶疏，是阿迪斯阿貝巴最怡人的一區吧！我決定慢慢散步回去，順便欣賞沿途的紀念碑、教堂、宮殿和公園。

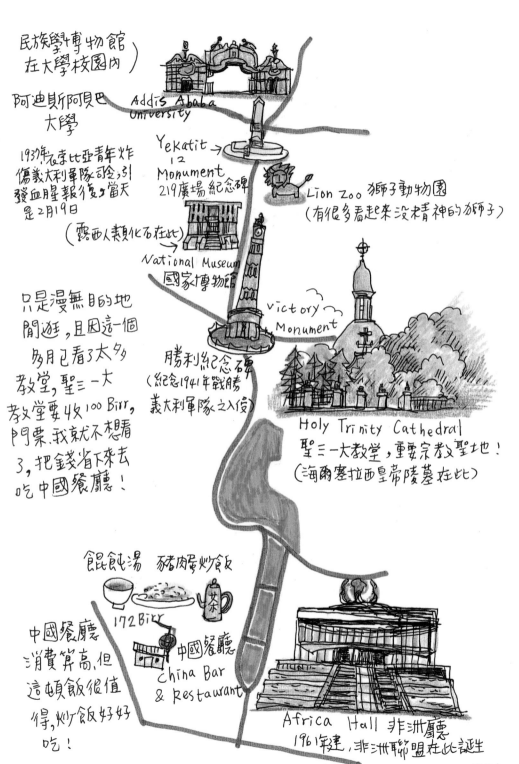

民族學博物館
在大學校園內

阿迪斯阿貝巴
大學

Addis Ababa
University

1937年衣索比亞青年炸
傷義大利軍隊司令，引
發血腥報復，當天
是2月19日

Yekatit
12
Monument
219廣場紀念碑

Lion Zoo 獅子動物園
(有很多看起來沒精神的獅子)

(露西人類化石在此)

National Museum
國家博物館

Victory
Monument

只是漫無目的地
閒逛，且因這一個
多月已看了太多
教堂，聖三一大
教堂要收100 Birr
門票，我就不想看
了，把錢省下來去
吃中國餐廳！

勝利紀念碑
(紀念1941年戰勝
義大利軍隊之入侵)

Holy Trinity Cathedral
聖三一大教堂，重要宗教聖地！
(海爾塞拉西皇帝陵墓在此)

餛飩湯　豬肉蛋炒飯

172 Birr

中國餐廳
China Bar
& Restaurant

中國餐廳
消費算高，但
這頓飯很值
得，炒飯好好
吃！

Africa Hall 非洲廳
1961年建，非洲聯盟在此誕生

231

吃完滿意的中國餐後，我去旁邊的超市逛了一下，決定早點回旅館，然而，在回去的路上，有兩個年輕人來搭訕閒聊，他們用今天是"15天的齋戒之日結束"引入話題，慢慢引起我的興趣，之後他們表示這一天大家會去 local people 常去的小店閒聊、吃東西慶祝，問我要不要去，我看小店就在大馬路附近，不疑有他，就跟隨進入一條小巷，就這樣捲入了一樁詐騙案件裡……。

兩個年輕人拿出三把看起來像"恰特 chat"的植物，說今天本地人都是這樣慶祝，他們向老闆要了可樂及花生米，我說我不吃恰特，他們說那不是恰特，而是 Abumismar（什麼鬼啊阿！看起來就是恰特！），小店裡不斷有人進出，且看起來彼此熟識，好幾個不但英文流利，且對國際時事還頗了解，邊聊邊吃，

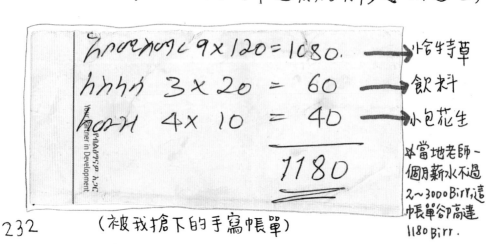

恰特草 ⟵ ... 9 × 120 = 1080.

飲料 ⟵ ... 3 × 20 = 60

小包花生 ⟵ ... 4 × 10 = 40

1180

※當地老師一個月薪水不過 2~3000 Birr，這帳單卻高達 1180 Birr.

232　　（被我搶下的手寫帳單）

但我不喜歡恰特的青草味，所以吃得很慢，他們說依照習俗，慶祝齋戒月結束，得吃三輪才算完成祝福，終於撐到第三把了，我說天色漸暗，要回旅館了，他們請老闆來算錢，老闆把帳單遞給我，數字是1180，嚇我一大跳，這是一個非常不合理的數字，剎那間我突然明白我中了他們聯合設下的圈套，這屋子裡的每個人都是共犯！我確信那是恰特沒錯，且一大把恰特在市場賣35 Birr，帳單上卻算120 Birr，且要我付三個人的錢，他們狡辯說那植物是特別進口，所以很貴！可樂明明一瓶是10 Birr，他算20 Birr. 花生一小包頂多1~2 Birr而已！我不想乖乖付錢，抓了帳單立刻往門外走，跑出小巷，站在大馬路上，老闆追出來要我付錢，我說我們先拿這張帳單去找警察再說，他起初跟著我，要我付1/3即可，我不願意，奇怪明明白天到處都是警察，但真正認真要找時卻半個也沒有，我轉頭看，老闆不見了，我想他放棄了，於是我折返 Mexico square，想搭迷你巴士回 kera 區的旅館，過馬路時卻發現他躲起來跟蹤我，恐懼在我心中升起，我衝向一大排停在路邊的迷你巴士，躲進其中一輛，用英文告訴前後乘客：『有人跟蹤我，請幫助我！』，司

233

機迅速把車開走，其他乘客則不斷向窗外張望，幫忙確認是否有可疑人物，在 Dashen Bank 下車後，我不確定他是否有跟上來，迅速地跑回旅館，上氣不接下氣，旅館老闆及工作人員很納悶問我怎麼了？我發抖著用哽咽的語氣說明，伙計立刻去門外查看，老闆倒了一杯水給我，要我別害怕！心情平復之後，我把帳單及 chat 照片（恰特）上傳給衣索比亞朋友幫忙確認，印度人 Raj 很快回覆我，他說他請懂阿姆哈拉語的鄰居幫忙確認，他們都說太誇張了，Raj 安慰我說他會講阿姆哈拉語，但也常被騙錢，（連印度人都被騙，看來我被騙也不算什麼！）Raj 問我有沒有付錢，我說沒有，而且還搶走帳單當證物，他稱讚我非常聰明，沒有讓他們得逞，Raj 真（還說我是 The pride of Taiwan，哈哈！）是印度暖男，還打電話、傳訊息來叫我別害怕，晚上睡覺門窗要鎖好，若真的睡不安穩，明天可以換旅館，還提醒要換到哪一區比較安全，並分享一些他知道的實例，要我碰到麻煩時不要怕丟臉、一定要大聲呼救，衣索比亞人通常不會袖手旁觀……。也許是在拉利貝拉損失的那 100 Birr 告訴我，要提高警覺，而且要跳出來維護自己的權益，然而在爭取權益的同時，其實還是會恐懼，不知自己是否身陷危險。

8月22日(一) 衣國文化總複習

狮子

阿迪斯阿貝巴大學. 地位差不多就像台大吧! 是衣索比亞最高
學府. 主校區曾是皇帝 Haile srlassie 海爾塞拉西的宮殿.
在校園中常見到猶大之獅(Lion of Judah)的雕飾,這是
以色列民族 12 支族中猶大支族的象徵,海爾塞拉西皇帝
被認為是所羅門王的直系血脈. 猶大支族的後裔,有
" Conqueror of the lion of Judah "(猶大之獅征服者)
的封號,猶大之獅也曾是衣索比亞的圖徽,曾被用在國旗上。

今天是在衣索比亞的最後一天,最重要,也是唯一的一件事是
參觀位於阿迪斯阿貝巴校園內的 Ethnological Museum
民族學博物館,這個博物館我來過三趟,都遇上放假
閉館,旅遊書上極力推薦這個博物館,說非常值得參
觀兩次,一次在旅程開始,一次在結束時;我決定在這間
博物館進行衣索比亞文化總複習,而它的精彩程度,
不但幫我梳理了歷史文化脈絡,也讓旅行近兩個月,接
收不少衝擊的我沉澱下來,去思考這個國家的美。

一樓：歷史文化展示看板及文物展示
二樓：民族學博物館主要展廳、及海爾塞拉西皇帝的房間及用品展示.
三樓：宗教文物介紹(精美畫卷,十字架等).傳統樂器展示.國家重大計畫海報

最特別之處,在於這個博物館和其他同類博物館相較,在布局上很有巧思,它以生命週期為主軸,從出生、童年,成人到死亡,依序將貼近生活的文化內涵向參觀者娓娓道來,規劃者應該是具備人類學的素養,我在館中流連了數個小時。

幼年

出生：儀式與風俗
童玩：球,Gabata 遊戲等古早時期手工做的玩具。
寓言：各民族叙事文學,例如 Yem 族的猴猴和狗的尾巴的故事
知識的傳遞：例如可蘭經學校用 Slate 板子教學,修道院等.
舞蹈：舞蹈穿戴的首飾

⬇

中介儀式：成年禮,例如 Harmar 悍馬族跳牛及鞭打女性儀式

成年

婚姻：不同族群的婚俗,聘禮和嫁妝/例：Dawro 族以織毯為禮
宗教信仰：東正教.伊斯蘭.猶太教及民間自然崇拜。
　　　　朝聖活動, Zar 惡靈屬區邪儀式.
社會組織：例：The gada system 兼具司法.政治.宗教功能
戰爭：族群征戰與防衛武器,例如：Dawuro 王國的偉大長城.
成人競技遊戲：Mursi 莫爾西族和 Surma 蘇馬族男子雙人格鬥。
身體藝術：彩繪.刺青.首飾.串珠.莫爾西族的唇盤裝飾.
傳統醫藥：介紹恰特草,咖啡及其他有醫療效果的植物.
工藝：紡織,例如：Netela 圍巾,gabi 毯子.Dorze 族的紡織工具
　　　陶器,例如 Wolaita 族的陶器工匠與社會階層探討.
　　　編籃,哈拉爾 Harar 地區最著名,當地婦女從青春期開始學習
　　　金銀珠寶工匠:哈拉爾地區最有名,很多工匠由葉門移居來此

236

產業：養蟲峰業(圓形手編蜂箱,Taj蜂蜜酒)
　農業：各種作物介紹
　　　①enset假香蕉樹之種植與用途
　　　②咖啡種植及各種素樸但造型有巧思的咖啡用具
　　　③Teff苔麩種植及做Injera英吉拉的工具
　漁業：紙莎草船
　　　Zway湖附近漁民的捕魚工具及方法
　遊牧：哈拉爾地區遊牧民族如何利用季即性移動
　　　及調整牲畜種類及數量等方式,來適應當地乾燥
　　　嚴苛的生活條件,並有實物布置成生活場景

中介儀式：葬禮(介紹不同族群的喪葬習俗,例如:Konso孔索
　　　的木雕,Sidamo西達摩的石碑,Arsi Oromo裝
　　　飾多樣的墳墓,及其代表之社會經濟意涵等)

死亡 生死觀:不同族群對死後世界的看法,靈魂,輪迴解讀不同

我從小就是
好學生！

你的筆記好驚人！

Gabata game

用豆子,小石子
當棋子

最讓我感興趣的是名叫Gabata的遊戲,好幾次看到當地人
在玩,是非洲古老棋類遊戲,也稱為Tegre,或Mancala曼卡拉,中文
譯為非洲寶石棋或播棋,在非洲,中東,甚至東南亞各國都可以見到,
(猜想是因為印度洋貿易交流而傳播),規則大同小異,通常是在長方
形木板上挖兩排洞,每人控制一排洞,輪流從己方任一小洞取出
棋子逆時針分配到其他小洞,最後收集最多棋子的人是贏家,睭
已發展成桌遊及電玩遊戲、APP等,也可以自己動手做道具,玩法
簡單有趣,尤其刺激腦力,用一張紙畫上格子就可以玩了。237

看完博物館後，到大學正門入口旁
一處由來自倫敦的紅色雙層巴士改裝
成的酒吧吃蔬菜飯，酒吧裡滿是
(23 Birr)
教授與學生，聽著他們辯論
時事並詢問我的意見，這群意氣風
發的天之驕子，代表著衣索比亞的
未來希望吧！回旅館整理照片，喝
咖啡上網，晚上，約好的汽車準時
出現，送我前往機場，新穎的Bole
國際機場在夜色中閃耀光芒，
有種超現實感，近兩個月的旅行，
像一場夢，我終於要回家了。

ECONOMY CLASS الدرجة السياحية
BOARDING PASS بطاقة الصعود إلى الطائرة
اسم الراكب
NAME OF PASSENGER

CHANG/PEIYU MS

阿迪斯阿貝巴 → 杜哈(位於卡達)
ADDIS ABABA   ADD
DOHA   DOH

الشركة الناقلة/الرحلة | الدرجة | التاريخ
CARRIER/FLIGHT | CLASS | DATE

QR 1428 Y 23AUG0140

البوابة | موعد الصعود إلى الطائرة | رقم المقعد
GATE | BOARDING TIME | SEAT

8   0040 18D

PCS CK.WT. UNCK.WT. SEQ.NO. PCS CK.WT. UNCK.WT.

1   21   234

ETKT 1571721261190 4

ECONOMY CLASS الدرجة السياحية
BOARDING PASS بطاقة الصعود إلى الطائرة
اسم الراكب
NAME OF PASSENGER

CHANG/PEIYU MS

杜哈→香港
DOHA   DOH
HONG KONG   HKG

الشركة الناقلة/الرحلة | الدرجة | التاريخ
CARRIER/FLIGHT | CLASS | DATE

QR 816   Y 23AUG0810

البوابة | موعد الصعود إلى الطائرة | رقم المقعد
GATE | BOARDING TIME | SEAT

       0710 16J

PCS CK.WT. UNCK.WT. SEQ.NO. PCS CK.WT. UNCK.WT.

1   21   192

ETKT 1571721261191-1

ECONOMY CLASS الدرجة السياحية
BOARDING PASS بطاقة الصعود إلى الطائرة
اسم الراكب
NAME OF PASSENGER

CHANG/PEIYU MS

香港→台北
HONG KONG   HKG
TAIPEI   TPE

EQIV CX-1559144232/AM
الشركة الناقلة/الرحلة | الدرجة | التاريخ
CARRIER/FLIGHT | CLASS | DATE

CX 408   Y 23AUG2250

البوابة | موعد الصعود إلى الطائرة | رقم المقعد
GATE | BOARDING TIME | SEAT

       2210 52H

PCS CK.WT. UNCK.WT. SEQ.NO. PCS CK.WT. UNCK.WT.

1   21   76

ETKT 1571721261191-2

衣索比亞傳統咖啡儀式蘊含深沉的社會文化意義

Ethiopian Coffee Ceremony

Life & Leisure · 優遊
衣索比亞手繪旅行

2022年4月二版　　　　　　　　　　　　　　　　定價：新臺幣480元

著　　者	張	佩	瑜	
叢書主編	林	芳	瑜	
叢書編輯	林	蔚	儒	
整體設計	張	佩	瑜	
封面完稿	蔡	婕	岑	

出　版　者	聯經出版事業股份有限公司	副總編輯　陳　逸　華
地　　　址	新北市汐止區大同路一段369號1樓	總　編　輯　涂　豐　恩
叢書主編電話	(02)86925588轉5318	總　經　理　陳　芝　宇
台北聯經書房	台北市新生南路三段94號	社　　　長　羅　國　俊
電　　　話	(02)23620308	發　行　人　林　載　爵
台中分公司	台中市北區崇德路一段198號	
暨門市電話	(04)22312023	
郵政劃撥帳戶	第0100559-3號	
郵撥電話	(02)23620308	
印　刷　者	文聯彩色製版印刷有限公司	
總　經　銷	聯合發行股份有限公司	
發　行　所	新北市新店區寶橋路235巷6弄6號2F	
電　　　話	(02)29178022	

行政院新聞局出版事業登記證局版臺業字第0130號

聯經網址 http://www.linkingbooks.com.tw
電子信箱 e-mail:linking@udngroup.com

國家圖書館出版品預行編目資料

衣索比亞手繪旅行/張佩瑜圖 · 文 . 二版 . 新北市 .
　聯經 . 2022.04 . 248面 . 16.5×21.5公分 .
　(Life & Leisure · 優遊)
　ISBN　978-957-08-6270-6（平裝附光碟）
　[2022年4月二版]

　1. CST: 旅遊　2. CST: 衣索比亞

762.89　　　　　　　　　　　　　　　111004300